DES MEILLEURES MÉTHODES

D'ANALYSE DES MINERAIS

QUI

EN BELGIQUE

SERVENT A L'EXTRACTION

DU FER, DU CUIVRE, DU ZINC ET DU PLOMB

PAR

A. STÉVART,

ÉLÈVE INGÉNIEUR DES MINES

MÉMOIRE COURONNÉ

PAR LA SOCIÉTÉ LIBRE D'ÉMULATION DE LIÉGE

AU CONCOURS DE 1861

LIÉGE

F. RENARD, ÉDITEUR

RUE DES AUGUSTINS, 40

PARIS

E. LACROIX, LIBRAIRE

quai Malaquais, 15

LEIPZIG

F. A. BROCKHAUS, COMMISS.re

pour l'Allemagne

1863

DES MEILLEURES MÉTHODES

D'ANALYSE DES MINERAIS

QUI

EN BELGIQUE

SERVENT A L'EXTRACTION

DU FER, DU CUIVRE, DU ZINC ET DU PLOMB

EXTRAIT

DES

MÉMOIRES DE LA SOCIÉTÉ LIBRE D'ÉMULATION

DE LIÉGE

DÉPOSÉ

Réserve de tous droits

DES MEILLEURES MÉTHODES

D'ANALYSE DES MINERAIS

QUI

EN BELGIQUE

SERVENT A L'EXTRACTION

DU FER, DU CUIVRE, DU ZINC ET DU PLOMB

PAR

A. STÉVART,

ÉLÈVE INGÉNIEUR DES MINES

MÉMOIRE COURONNÉ

PAR LA SOCIÉTÉ LIBRE D'ÉMULATION DE LIÉGE

AU CONCOURS DE 1861

LIÉGE
F. RENARD, ÉDITEUR
RUE DES AUGUSTINS, 40

PARIS	LEIPZIG
E. LACROIX, LIBRAIRE	F. A. BROCKHAUS, COMMISS.^{re}
quai Malaquais, 15	pour l'Allemagne

1865

LIÉGE

IMPRIMERIE DE L. DE THIER & F. LOVINFOSSE

La Société libre d'Émulation de Liége, pour son concours de 1861, proposa la question suivante : « *Décrire les meilleures méthodes d'analyse des minerais qui, en Belgique, servent à l'extraction du fer, du cuivre, du zinc et du plomb. Discuter les avantages et les inconvénients de la méthode volumétrique appliquée à ces analyses.* »

Cette question intéresse au plus haut point la science et l'industrie, particulièrement dans notre pays, et l'on devait s'attendre, dans une ville universitaire comme la nôtre, qui possède une École des Mines où l'analyse chimique des minerais est une des branches spéciales de l'enseignement, à voir plusieurs travaux y répondre.

Un seul Mémoire cependant parvint à la Société.

L'immense travail qu'exige cette question pour être traitée dans toute l'étendue de son énoncé, l'impossibilité, pour certaines personnes, de pouvoir vérifier l'exactitude et les défectuosités des procédés d'analyse, firent sans doute que ne pouvant appuyer leur manière de voir sur des expériences décisives, elles préférèrent renoncer à concourir.

Cette absence de plusieurs concurrents eût été regrettable, sans le mérite de l'unique Mémoire présenté, qui fut unanimement couronné par un jury composé de trois des meilleurs professeurs de l'Université de Liége, MM. L. DE KONINCK, professeur de chimie ; A. GILLON, professeur de métallurgie générale, et I. KUPFFERSCHLAEGER, professeur de docimasie et de manipulations chimiques.

C'est ce travail, œuvre de M. A. Stévart, élève ingénieur des mines, que nous offrons au public.

L'auteur a suivi fidèlement les divisions indiquées par l'énoncé de la question, c'est-à-dire qu'il a examiné, pour chacun des minerais proposés, les procédés qui présentent le plus de facilité et de précision pour y doser le métal et les corps qui lui communiqueraient des qualités nuisibles, tels que le soufre, le phosphore et l'arsenic.

Les méthodes plus spécialement industrielles ont été également détaillées ; ce qui revient à dire que l'analyse de chaque minerai a été envisagée sous les différents points de vue de la voie sèche, de la voie humide ordinaire et de la voie volumétrique.

L'ÉDITEUR.

Des meilleures Méthodes d'analyse des Minerais

QUI, EN BELGIQUE, SERVENT A L'EXTRACTION

DU FER, DU CUIVRE, DU ZINC ET DU PLOMB

> L'analyse chimique met a l'épreuve tout à la fois
> les connaissances, le jugement et l'exactitude du
> chimiste.   (BERZÉLIUS.)

Les minerais de fer, de cuivre, de zinc et de plomb que l'on traite en Belgique, et dont nous indiquerons les meilleures méthodes d'analyse, sont :

1° POUR LE FER.

Les *oligistes*.

Les *limonites* et la *gœthite*.

Les *sidéroses*.

2° POUR LE CUIVRE.

Les minerais oxydés seuls : la *malachite*, *l'azurite* et le *cuivre natif*.

3° POUR LE ZINC.

La *calamine*, la *willémite* et la *smithsonite*, que les métallurgistes confondent sous la première de ces dénominations.

Les *blendes*.

4° POUR LE PLOMB.

Le *carbonate* ou *céruse naturelle* et les *galènes*.

Nous rechercherons pour chacun de ces minerais les procédés les plus convenables pour y doser le métal usuel qu'on veut en retirer, et aussi les corps qui communiqueraient des qualités nuisibles au métal extrait. C'est ainsi que nous doserons le fer, le soufre, le phosphore et l'arsenic dans les minerais de fer. Quant aux autres corps que les minerais renferment, nous en indiquerons avec soin la séparation.

Nous décrirons pour chaque minerai : l'essai par voie sèche, puis l'essai par voie humide et pesée, réservant pour la fin les essais par voie humide volumétrique, afin de mieux comparer et discuter les avantages de cette méthode appliquée aux différents minerais.

Nous croyons devoir, pour rester dans les termes de la question, passer rapidement sur les procédés qui, soit par une application trop restreinte, soit par un manque d'exactitude trop grand, sont peu employés en général, et nous étendre davantage sur ceux qui présentent le plus de facilités et en même temps de précision, en détaillant les méthodes plus spécialement industrielles. Ajoutons encore que nous laisserons de côté les essais qualitatifs, sans lesquels le chimiste, quelque exercé qu'il soit, n'oserait entreprendre une analyse quantitative complète.

CHAPITRE I

MINERAIS DE FER

1. — Essai par voie sèche.

Les oligistes, les limonites et les gœthites s'analysent bien
par voie sèche ; mais les sidéroses, renfermant le fer à l'état
ferreux et ferrique par suite de leur altération, s'opposent à
toute espèce de contrôle.

On les essaie, comme on le verra plus loin, en se servant
d'un fondant spécial.

M. Berthier, auteur du procédé que nous allons décrire, a
partagé les minerais de fer en cinq classes, et indiqué quels
sont les fondants particulièrement propres à chacune d'elles.

1re CLASSE. — *Matières ferrugineuses presque pures.* — Elles
pourraient être traitées sans fondant ; mais il est préférable
d'ajouter un peu de borax, ou du verre aluminico-calcique cité
plus loin, afin de faciliter la réunion des grenailles de fonte
en un seul culot.

2e CLASSE. — *Matières ferrugineuses avec de la silice seule.* —
On doit y ajouter un mélange d'argile et de calcaire, ou de
dolomie.

3ᵉ CLASSE. — *Matières ferrugineuses avec de la silice et d'autres bases que la chaux.* — Ce sont ordinairement les minerais qui ont pour gangue les roches primitives. On les fond avec une quantité de chaux qui varie entre la moitié et les trois quarts des matières étrangères au minerai.

4ᵉ CLASSE. — *Matières ferrugineuses sans quartz.* — Elles se fondent avec un mélange de chaux carbonatée et de silice, ou d'argile blanche.

5ᵉ CLASSE. — *Matières ferrugineuses avec quartz et différents oxydes.* — Ces minerais sont ordinairement fusibles par eux-mêmes.

Un essai qualitatif préalable, et toujours très-simple, indiquera immédiatement à quelle classe le minerai appartient.

I. — Dix grammes de minerai pulvérisé au mortier d'agathe sont mélangés avec un fondant approprié à la gangue. On introduit ce mélange dans une cavité pratiquée au centre d'un creuset brasqué, on ajoute une goutte d'huile, et l'on recouvre de brasque. Le creuset est recouvert de son couvercle, luté et chauffé environ une heure et demie au fourneau à vent; après quoi on laisse tomber le feu et refroidir le creuset. On en retire un culot de fonte et de scorie, puis des grenailles de métal disséminées dans le charbon et qu'on enlève à l'aide des barreaux aimantés. On pèse ensemble la fonte et la scorie; ensuite on broie celle-ci pour en séparer les dernières grenailles de fonte, qu'on réunit à celles qu'on a trouvées dans le charbon, et au culot séparé de la scorie, afin de peser la fonte isolément.

Nous entrerons dans quelques détails sur ce procédé, parce qu'il est souvent usité dans l'industrie.

La brasque du creuset se prépare à l'aide de charbon de bois pulvérisé et passé au tamis; on l'humecte d'un peu d'eau, de manière que le charbon puisse s'agglomérer en masse solide par une forte compression. Il ne doit pas adhérer aux doigts. On en place, au fond du creuset, une petite quantité que l'on tasse fortement à l'aide d'un petit pilon de bois; on continue ainsi par couches successives jusqu'à remplir totalement le creuset.

Il faut avoir soin de faire ces couches assez minces et de les
réunir l'une à l'autre en pratiquant des raies croisées, à l'aide
d'une pointe en fer, dans la surface de brasque qui vient d'être
tassée. C'est alors au centre de cette masse solide que l'on creuse
une cavité cylindrique descendant jusqu'au milieu ou aux deux
tiers du creuset, et où l'on place le mélange prêt pour l'essai.

Nous dirons encore un mot de la manière dont la manipulation s'achève. L'essai étant placé dans le creuset, on ferme
celui-ci, on lutte son couvercle avec de l'argile plastique, on
l'attache lui-même à son pied ou fromage, et on l'introduit
dans le fourneau à vent.

Lorsque l'on retire le creuset refroidi du fourneau, on a soin
de ne pas le renverser ; on en fait sauter le couvercle, et l'on
sépare environ la moitié supérieure de la brasque. La seconde
moitié est versée sur un papier glacé pour y rechercher les
particules de fonte mêlées au charbon et en retirer le culot
de fonte et de scorie.

On étend ce charbon en couche mince sur la feuille de papier,
et l'on y promène en tous sens des barreaux aimantés, auxquels
s'attachent les grenailles de fonte.

Après la pesée, on examine la scorie et la fonte. Voici les
principales déductions qu'on peut tirer de leurs apparences :

Si le culot de fonte est enveloppé d'une pellicule rougeâtre
métallique, celle-ci est du titane. Sous le marteau, la fonte de
bonne qualité s'applatit un peu, et finit par se briser. Les
mauvaises se brisent facilement sans changer de forme. Les
premières sont plus souvent grises, les autres, plus souvent
blanches. Il est des variétés nombreuses de fonte pour lesquelles
l'aspect extérieur ne peut fournir que des indices plus ou moins
certains. Quant à la scorie, si elle est incolore, elle est formée
de silicate aluminico-calcique ; colorée en noir ou brun foncé,
à bords transparents et semblable à du quartz enfumé, elle renferme du carbone ou un peu d'oxyde ferreux ; colorée en vert
poireau, elle renferme des sulfures alcalins ; en bleu lavande,
de l'oxyde de titane (1) ; en améthiste, de l'oxyde manganique.

(1) On trouve assez souvent ces caractères du titane dans nos minerais
des bords de l'Ourthe.

Les scories qui renferment de la magnésie ont l'aspect pierreux et cristallin; celles qui renferment du phosphate calcique sont opaques et d'un aspect émaillé; celles qui contiennent du sulfure calcique sont veinées ou tachetées, et prennent, par l'insufflation de l'haleine, une odeur hépathique.

Ces caractères ont une grande importance dans un essai bien exécuté.

Voici maintenant comment on obtient la composition du fondant à ajouter.

On traite dix grammes de minerai par l'acide azotique très-étendu (mieux par l'acide acétique), qui ne dissout que les carbonates calcique et magnésique. On pourrait doser ces corps exactement dans la liqueur filtrée, mais, dans cet essai, l'on se contente de les doser ensemble par différence, en pesant le résidu d'oxyde de fer, de silice et d'argile.

On traite une seconde partie du minerai par le chloride hydrique bouillant, qui dissout tout, sauf la silice et l'argile. On filtre ce résidu, on le pèse, et l'on connaît ainsi la composition de la gangue du minerai. On pourra donc savoir facilement quels éléments il faut y ajouter pour donner au mélange la composition d'un silicate fusible tels que ceux dont les formules sont : $(6CaO + Al^2O^3) 6SiO^3 — (3CaO + Al^2O^3) 4SiO^3 — (CaO + Al^2O^3) 4SiO^3$ et qui renferment respectivement sur 100 parties :

Silice,	55,357	57,262	69,561
Chaux,	34,191	26,521	10,739
Alumine,	10,452	16,217	19,700
	100,000	100,000	100,000

Thénard indique en général, comme étant plus fusibles que tous les autres, les silicates compris entre les formules $(6CaO + Al^2O^3)$ avec $6SiO^3$ et avec $1\ 1/2\ SiO^3$.

L'expérience a appris que la quantité de castine (carbonate calcique) qu'il faut ajouter pour fondre un minerai argileux, est comprise entre la moitié et les deux tiers du poids de l'argile qu'il contient.

Si le minerai renferme, outre l'argile, des grains de silice, il faut remplacer le calcaire par la dolomie (carbonate double de chaux et de magnésie) ou par le koalin (silicate aluminique).

Dans les forges d'essai, on emploie comme fondants généraux, pour toutes les espèces de minerais, l'acide borique, le verre blanc ordinaire, le borax, ou l'un des verres terreux cités ci-dessus.

L'emploi des deux premiers n'est cependant pas recommandable, car l'acide borique est volatil et ne permet ni de contrôler l'essai, ni de juger de la fonte à son aspect; et le verre blanc, présentant une composition très-variable, doit également être rejeté dans un essai fait avec soin.

Cette méthode de la voie sèche a l'avantage de fournir des données certaines sur la qualité de la fonte; elle opère en petit comme on opère en grand; mais elle ne donne pas un grand degré d'exactitude, à cause du fer qui reste dans la scorie, et du carbone qui entre dans la fonte. On a cependant un moyen de vérification, lorsqu'on a employé un fondant convenable et que le minerai ne renferme que l'oxygène de volatil. Voici ce moyen : on pèse deux grammes de minerai dans un petit creuset de porcelaine, on les chauffe au rouge, et l'on repèse après refroidissement; on a donc ainsi par différence le poids d'eau et d'acide carbonique du minerai, et l'on pourra calculer à quelle quantité de minerai *calciné* correspondent les dix grammes de minerai *cru* soumis à l'expérience.

Si l'on retranche de cette quantité de minerai calciné le poids de la fonte, et celui de la scorie diminué du poids du fondant fixe ajouté, la différence indique la perte en oxygène, et la vérification consiste à voir si ce poids d'oxygène est bien celui qui, combiné à la fonte pesée, donnerait de l'oxyde ferrique Fe^2O^3.

C'est-à-dire que cette perte d'oxygène doit être au poids de fonte comme 3 est à 7.

Une perte d'oxygène trop faible indique la présence d'oxyde ferreux dans le minerai.

Une perte trop forte indique la présence d'un corps volatil autre que l'oxygène, ordinairement du zinc.

Pour appliquer ce procédé aux sidéroses, il faut employer comme fondant le borax ou mieux le verre blanc, dans la proportion de 5 grammes de verre blanc pour 15 grammes de sidérose.

II. — On emploie dans les usines un procédé qui permet de juger rapidement si les minerais conservent leur rendement normal. On mêle le minerai pulvérisé avec 15 ou 20 pour cent de chaux vive ordinaire, et ce mélange, introduit dans le creuset brasqué, est recouvert d'un morceau de potasse caustique de la grosseur d'une noisette.

La carbonate sodique s'emploie encore dans les mêmes circonstances, les alcalis déterminant la fusion de la gangue en scorie transparente. Ce procédé s'emploie pour les minerais d'alluvion seulement, puisqu'il exige un minerai à gangue essentiellement argileuse.

III. — *Procédé de Liebig.* — Le minerai est réduit par le mélange de carbonate et de cyanure potassique, et les grenailles de fonte sont séparées du charbon par lévigation.

Le mélange de carbonate et de cyanure est un excellent réductif, mais il y a de grands inconvénients à mouiller les grenailles de fonte, que la dessication oxydera par la suite. Cette méthode est, à cause de cela, d'un usage très-peu fréquent.

2. — Essai par voie humide.

A. — DOSAGE DU FER CONTENU DANS LE MINERAI.

Le fer se dose à l'état d'oxyde ferrique anhydre Fe^2O^3, qui contient 70 p. c. de son poids de fer pur.

Traitons d'abord le cas général d'un minerai qui renfermerait de l'eau, de l'acide carbonique, de la silice, de l'alumine, de la chaux, de la magnésie, du manganèse et du fer à l'état d'oxyde ferreux et à l'état d'oxyde ferrique. C'est ainsi que se présentent beaucoup de nos minerais.

Le dosage de l'eau et de l'acide carbonique se fait par différence, et l'on évalue ensemble le poids de ces deux corps. Deux grammes de minerai sont chauffés au rouge dans un petit creuset de porcelaine jusqu'à ce que deux pesées consécutives, faites après refroidissement, concordent parfaitement. La différence de poids donnera les quantités réunies de matières volatiles que renferme le minerai.

I. — On attaque un gramme de minerai finement pulvérisé par le chloride hydrique bouillant, qui est le meilleur dissolvant des minerais de fer. On ajoute aussi à la fin un peu d'acide azotique, afin que tout le fer soit au maximum d'oxydation ; on n'évapore qu'avec les plus grandes précautions, pour ne pas faire bouillir, car le chlorure ferrique est si volatil qu'on en perd déjà par l'évaporation. La liqueur est alors filtrée pour recueillir le dépôt de silice et d'argile que l'on dessèche, grille et pèse, après l'avoir soigneusement lavé à l'eau chaude.

La solution, suffisamment évaporée, est traitée à chaud par un léger excès d'ammoniaque bien exempte de carbonates (l'eau de chaux constate par un précipité blanc la présence de l'acide carbonique dans l'ammoniaque). Ensuite on filtre ; dans la liqueur se trouvent : la chaux, la magnésie, le zinc et une partie du manganèse retenue en solution par la présence des sels ammoniacaux. Tous ces corps sont ainsi séparés de l'alumine et du fer précipités.

Ce précipité contient cependant encore du manganèse, mais on ne l'enlève qu'après avoir séparé l'alumine comme suit : Le mélange d'oxydes est dissout sur le filtre par du chloride hydrique étendu d'eau chaude, et cette nouvelle liqueur évaporée est traitée par la potasse caustique en excès, qui précipite le fer à l'état d'oxyde ferrique, et redissout l'alumine seule.

Il est préférable d'opérer ce traitement par la potasse, comme suit : on place quelques fragments de potasse dans le ballon qui soutient l'entonnoir où l'on dissout les oxydes, de sorte que la liqueur tombant goutte à goutte sur un excès d'alcali, la réaction est plus rapide et plus complète.

L'oxyde ferrique lavé est redissout dans le chloride hydrique et précipité de nouveau par l'ammoniaque pour en séparer la potasse que cet oxyde retient très-fortement.

Si l'oxyde ferrique contient du manganèse, il faut, après l'avoir redissout dans le chloride hydrique, ajouter de l'ammoniaque pour neutraliser l'excès d'acide, jusqu'à apparition d'un léger nuage rouge d'oxyde ferrique. On verse ensuite du succinate ammonique qui précipite tout le fer à l'état de succinate ferrique, et sépare le manganèse, qui reste dissout. Le précipité de succinate ferrique, lavé à l'eau ammoniacalisée, desséché et grillé, donne une masse brillante, noire, racornie, qui est de l'oxyde ferrique pur.

Si le minerai ne contient ni alumine ni manganèse, l'essai est de beaucoup simplifié, car la première précipitation par l'ammoniaque suffit pour séparer l'oxyde ferrique de tous les autres oxydes avec lesquels on le trouve ordinairement (chaux, magnésie, zinc).

II. — Ce procédé n'est pas assez exact; et si le minerai renfermait des matières organiques, cette méthode, comme nous avons pu l'observer plusieurs fois, ne donnerait que des résultats incertains. Il est alors plus convenable et plus sûr d'opérer comme suit :

La dissolution faite comme ci-dessus est neutralisée par l'ammoniaque et précipitée par le sulfhydrate ammonique, qu'on laisse digérer sur le précipité, à l'abri de l'air, jusqu'à ce que la liqueur surnageante soit jaune et claire. On filtre rapidement, on lave à l'eau chaude qu'on additionne dans le filtre d'un peu de sulfhydrate ammonique, en ayant soin de recouvrir l'entonnoir d'une plaque de verre pour éviter la vitriolisation des sulfures.

Le précipité renferme le fer, le manganèse, le zinc, à l'état de sulfures; et l'alumine, à l'état d'oxyde. On redissout ces corps dans le chloride hydrique, on chasse l'excès de sulfide hydrique par l'ébullition, et l'on additionne d'acide azotique afin de peroxyder le fer.

On procède ensuite à la séparation successive du zinc, de l'alumine, du manganèse et du fer, après avoir séparé par filtration le soufre qui nage dans la liqueur.

Ces deux procédés suffisent en général pour l'industrie, mais ils laissent à désirer si l'on exige une rigoureuse exactitude.

Il résulte, en effet, des travaux de MM. Rivot, Beudant,

Daguin et Bouquet (1), que la séparation de l'oxyde ferrique des terres est impossible par l'ammoniaque, car l'oxyde ferrique retient fortement une partie des terres qui se précipitent avec lui.

Il faut donc, pour opérer exactement, laisser digérer le précipité obtenu par l'ammoniaque dans le 1ᵉʳ procédé, après son incinération, avec de l'acide acétique affaibli (1 volume d'acide ordinaire pour quinze d'eau).

Cet acide faible n'attaque pas l'oxyde ferrique qui a été chauffé, mais il dissout très-bien la chaux, ce qui fait qu'on peut peser à l'état de pureté l'oxyde ferrique qui reste.

III. — Un procédé beaucoup plus exact consiste à précipiter la première liqueur par l'ammoniaque, à filtrer, à laver le précipité et à le dessécher. On sépare ensuite le précipité de son filtre, on incinère celui-ci, et l'on en ajoute les cendres au précipité desséché; on redissout dans le chloride hydrique, puis, après addition de chlorure ammonique, on fait passer un courant de sulfide hydrique qui ramène la solution à l'état ferreux. On ajoute ensuite de l'ammoniaque qui, à cause de l'excès de sulfide hydrique, précipite du sulfure ferreux entièrement privé de terres alcalines; on filtre, on réunit les eaux de lavage et la liqueur à la première liqueur ammoniacale, et l'on sépare les terres comme d'habitude.

Ce procédé convient mieux que l'emploi du sulfhydrate, qui ne sépare pas complètement les terres alcalines.

S'il y a de l'alumine, il est clair qu'il faut redissoudre le précipité de sulfure ferreux et précipiter par la potasse caustique, comme on l'a vu plus haut.

IV. — On a quelquefois affaire à des minerais contenant des parties silicatées très-dures et qu'on ne peut attaquer assez complètement par les acides. Il faut alors avoir recours à la désagrégation par les carbonates alcalins et la fusion. On mélange 1 gramme de minerai bien pulvérisé avec 3 à 4 fois son poids

(1) Extrait des travaux faits au bureau d'essais de l'École des mines de Paris par MM. Rivot, Beudant, Daguin et Bouquet. (*Annales des Mines*, 5ᵉ série, tome II, 1852.)

2

de carbonate potassique ou sodique sec, et l'on fond le tout dans un creuset de platine. Après deux ou trois heures de chauffe, on retire le creuset, on le laisse refroidir suffisamment, puis on le traite, dans un vase de Berlin, par l'eau chaude. On lave le creuset de platine au chloride hydrique, et le minerai, rendu maintenant attaquable, est dissout et analysé comme plus haut.

On dissout aussi très-bien les oxydes de fer très-durs, tels que les hématites ou sanguines, en les faisant bouillir avec du chloride hydrique et en ajoutant peu à peu du chlorure stanneux. Cela tient à la réduction des sels ferriques à l'état ferreux par le chlorure d'étain.

B. — DOSAGE DU FER QUI SE TROUVE A L'ÉTAT D'OXYDE FERREUX DANS LE MINERAI.

Le fer se trouve très-souvent en partie à l'état ferreux dans les minerais. Il est alors important de constater la quantité d'oxyde ferreux qui s'y trouve, afin de pouvoir, l'analyse faite, reconstituer le minerai pour faire une vérification indispensable.

I. — On se sert du chloride hydrique pur pour dissoudre, et l'on opère dans un ballon fermé par un bouchon de liége. On ajoute à la solution ferroso-ferrique du carbonate barytique artificiel en excès, qui précipite l'oxyde ferrique seul et laisse en dissolution l'oxyde ferreux avec la baryte et les autres bases. Il faut se garder de chauffer le ballon; on doit faire cette séparation à la température ordinaire. On filtre afin de séparer l'oxyde ferrique, l'excès de carbonate barytique et les matières insolubles contenues dans le minerai. On lave le précipité, et, dans la liqueur légèrement concentrée, on verse un peu d'acide sulfurique, qui précipite la baryte, et de l'acide nitrique, qui peroxyde le fer. Après avoir séparé par filtration le précipité de sulfate barytique, on précipite l'oxyde ferrique par l'ammoniaque, on lave ce précipité, le dessèche, le grille et le pèse. Les sept dixièmes du poids de ce précipité représentent le fer qui se trouvait à l'état ferreux dans le minerai.

II. — *Procédé de L. E. Rivot.* — Ce procédé n'est applicable qu'aux cas où le minerai ne renferme d'autre substance réductible par l'hydrogène que les oxydes ferreux et ferrique.

Il consiste à faire passer un courant d'hydrogène pur et sec sur la substance chauffée au rouge, et à doser par différence l'oxygène enlevé. Il faut alors doser, comme précédemment, tout le fer du minerai, et déduire du calcul le partage de ce métal en fer à l'état ferreux et fer à l'état ferrique.

III. — *Procédé d'Ebelmen.* — On porphyrise la matière à analyser, et on la mélange dans un matras avec un excès de peroxyde manganique exactement pesé et d'une composition parfaitement connue.

On verse sur ce mélange du chloride hydrique pur, et l'on adapte au matras un tube deux fois recourbé plongeant dans une dissolution d'acide sulfureux placée dans un ballon à l'abri de l'air, et à laquelle on mélange une solution de chlorure barytique. Il faut que la liqueur reste bien limpide. On chauffe alors modérément; le chlore qui se dégage va transformer l'acide sulfureux en acide sulfurique. On fait bouillir à la fin pour faire passer tout le chlore dans l'acide sulfureux. La chlorure barytique précipite à l'état de sulfate barytique tout l'acide sulfurique à mesure qu'il se forme.

Voici ce qui s'est passé : le fer à l'état d'oxyde ferrique n'a pas eu d'action sur le chlore, mais le fer qui était à l'état d'oxyde ferreux a retenu du chlore pour devenir chlorure ferrique. Il en résulte que la quantité de sulfate barytique formée est plus faible que celle qui aurait résulté de l'emploi du peroxyde manganique sans le minerai ; la différence est en raison de l'oxyde ferreux que renferme la matière. Il suffit donc de connaître exactement la quantité de sulfate barytique que formerait le poids du peroxyde de manganèse employé, pour obtenir celle que l'oxyde ferreux a empêché de se former, et, par suite, le poids de l'oxyde ferreux lui-même.

Un gramme de sulfate barytique correspond à 0,618 d'oxyde ferreux.

Ce procédé est applicable à un grand nombre de cas : il est beaucoup de substances, notamment des silicates, qui ne sont

pas attaquables par le chloride-hydrique et qui se dissolvent
très-bien dans un mélange de chloride hydrique et de peroxyde
de manganèse.

IV. — *Procédé de M. H. Rose.* — Rose se sert d'une solution
de chlorure aurico-sodique pour doser le fer à l'état ferreux
dans la dissolution du minerai faite par le chloride-hydrique.
L'or, réduit par l'oxyde ferreux, est précipité, lavé, desséché
et pesé. 197 parties d'or correspondent à 168 de fer à l'état
ferreux.

V. — *Procédé de M. Fuchs.* — On commence par doser tout
le fer du minerai de la manière suivante :

On opère la dissolution dans le chloride hydrique; le fer
est peroxydé, non par l'eau régale, mais par un courant de
chlore. Puis, faisant bouillir pour chasser l'excès de ce gaz,
on étend d'eau et l'on introduit dans la solution des lames de
cuivre parfaitement décapées et dont le poids est connu. La
solution doit être dans un bocal fermé, et les lames de cuivre
recouvertes de liquide. Le cuivre a la propriété de se dissoudre
dans le chlorure ferrique acide, et de le ramener à l'état ferreux.
($Fe^2Cl^3 + 2Cu = 2FeCl + Cu^2Cl$). Lorsque la solution est bien
décolorée, il faut en retirer les lames de cuivre, les égoutter
sur du papier buvard et les sécher parfaitement, en ayant soin
de ne pas les frotter. On les repèse, et le poids de cuivre
dissout est proportionnel au sel ferrique qui se trouvait dans
la liqueur.

31,70 de cuivre correspondent à 28 de fer, ou 1 de cuivre
dissout indique 0,8847 de fer.

Il suffit de recommencer cette opération en ne peroxydant
pas le minerai, pour n'y doser que le fer qui est à l'état
ferrique. On aura par différence celui qui est à l'état ferreux.

Il est évident que la première partie de ce procédé convient
au dosage du fer d'un minerai quelconque. Il n'y a que l'arsenic
qui puisse gêner cette réaction.

C. — DOSAGE DES CORPS NUISIBLES. — SOUFRE. — PHOSPHORE. — ARSENIC.

Il est bien préférable de doser ces corps dans le culot de
fonte obtenu à l'essai par voie sèche que dans le minerai lui-

même : d'abord à cause de l'énorme difficulté de ce dosage exact dans le minerai, et ensuite parce qu'il est d'un bien plus grand intérêt de connaître la proportion de ces corps que la fonte a retenue, que de connaître celle que renferme le minerai. Aussi indiquerons-nous le dosage dans les deux cas.

1° *Dosage du soufre.*

a. Dans les minerais :

I. — Le soufre se trouve, dans les minerais de fer, ordinairement à l'état de sulfures, et quelquefois à l'état de sulfates.

On attaque le minerai par l'eau régale, en ajoutant un peu de chlorate de potasse cristallisé afin de bien dissoudre tout le soufre. On risque pourtant ainsi de perdre, à la première attaque, une partie du soufre à l'état de sulfide hydrique. C'est pourquoi il vaut mieux attaquer par l'acide azotique fumant, qui ne dégagera jamais de sulfide hydrique au contact d'un sulfure. La solution est achevée en ajoutant un peu de chloride hydrique et d'acide azotique.

On l'évapore à siccité : reprenant ensuite par l'eau acidulée de chloride hydrique, la solution est filtrée et précipitée par une solution barytique.

Celle qui convient le mieux est le chlorure, car si l'on emploie le nitrate, ou même si l'on opère dans une solution contenant de l'acide azotique, le précipité de sulfate barytique retiendra toujours un peu de nitrate (Gerrhard). Ce nitrate, se décomposant lors de l'incinération, donne du bioxyde barytique, qui colore la masse en gris. On peut corriger ce défaut en traitant alors par le chloride hydrique, qui dissout le bioxyde; on filtre, lave et incinère ensuite le sulfate, qui demeure pur.

Cette précipitation se fait à chaud, dans une liqueur peu concentrée, que l'on doit abandonner quelques heures au repos. Le précipité renferme 13,73 pour cent de soufre.

II. — Si le minerai n'était pas attaquable par l'eau régale ou l'acide azotique fumant, et surtout s'il y avait beaucoup de soufre, il faudrait le fondre dans un creuset de platine, avec trois fois son poids de carbonate sodique sec et un peu d'azotate potassique. Après refroidissement, on reprend par l'eau chaude, on filtre, on acidule de chloride hydrique pour mettre la silice en liberté et pouvoir la séparer par une évaporation à siccité et une filtration, et aussi pour décomposer l'excès de carbonate, et l'on précipite à chaud par le chlorure barytique. Ce procédé est, en tous cas, le plus recommandable. Il n'y a pas le moindre inconvénient à ce que le minerai renferme des phosphates ; il suffirait, pour empêcher l'acide phosphorique d'être précipité par le sel barytique, d'employer une solution acidulée de chloride hydrique, le phosphate barytique étant soluble dans les acides. Or, c'est le cas dans lequel on se trouve.

b. Dans la fonte :

I. — On attaque cinq grammes de fonte bien divisée par l'eau régale, ou mieux, comme nous l'avons dit plus haut, par l'acide azotique fumant. On évapore à sec, on reprend par l'eau, et l'on précipite par le chlorure barytique après filtration. Le précipité doit être obtenu dans une liqueur acide.

II. — Suivant Rose, il vaut mieux dégager le soufre de la fonte à l'état de sulfide hydrique en la traitant par l'acide sulfurique ou le chloride hydrique, et recueillir le gaz dans une solution de chlorure cuivrique. Il se forme du sulfure cuivrique qu'on transforme en sulfate par l'acide azotique fumant, et l'on précipite cette solution par le chlorure barytique. Mais nous croyons cette manipulation très-longue, et, vu la petite quantité de soufre qui se trouve ordinairement dans la fonte, les pertes sont à craindre. Cependant ce procédé est celui où l'on sépare le plus franchement le soufre en le volatisant tout entier.

III. — Eggertz avait indiqué un procédé de dosage qui ne paraît pas donner une bien grande exactitude : il dissolvait un gramme de fonte sulfurée dans cinq décigrammes d'acide sulfurique et un gramme d'eau, en opérant dans un bocal qu'il fermait par un bouchon de liége, au bas duquel était suspendue une lame d'un alliage de cuivre et d'argent. On sait que ces métaux sont avides de soufre ; ils décomposaient le sulfide hydrique, et la lame prenait des teintes variant du jaune au brun foncé ou au noir. Il fallait être bien exercé pour juger, à l'examen de la nuance qu'avait prise la lame d'alliage, de la quantité de soufre que contenait la fonte.

2° *Dosage du phosphore.*

a. Dans les minerais :

I. — Une solution de deux grammes du minerai étant faite dans l'eau régale, on précipite par le sulfhydrate ammonique qui sépare les sulfures de fer, de zinc et de manganèse et laisse l'acide phosphorique dissous, si toutefois le minerai ne contient pas d'alumine. La liqueur est filtrée, puis acidulée, et filtrée de nouveau pour séparer le soufre que l'acide précipite ; enfin, l'acide phosphorique est précipité lui-même par une solution argentique, plombique, ou par un mélange de sulfate magnésique, de chlorure ammonique et d'ammoniaque. De ces réactifs, le troisième est le préférable : il donne un précipité de phosphate ammoniaco-magnésien, que la calcination transforme en pyrophosphate magnésique dont le poids, multiplié par 0,644, donne le poids de l'acide phosphorique. La liqueur doit être légèrement ammoniacale, de même que pour la précipitation par l'azotate argentique (ammoniacal). Ce dernier réactif laisse une certaine incertitude sur l'espèce de phosphate précipité. Enfin le dosage à l'état de phosphate triplombique ne convient guère que si l'acide phosphorique est seul fixe dans la liqueur.

II. — *Procédé d'Alvaro Reynoso.* — On se sert d'une solution du minerai faite dans l'acide azotique et ne contenant ni acide sulfurique ni chlore. On introduit dans la liqueur un poids connu d'étain pur ; une légère ébullition et l'addition d'un peu d'acide azotique transforment tout l'étain en oxyde stannique, qui a la propriété de retenir tout l'acide phosphorique qui se trouve dans la liqueur. On filtre alors, et le poids du précipité donne l'acide phosphorique, plus le poids de l'acide stannique correspondant au poids connu d'étain employé.

Il suffit de savoir que 7353 parties d'étain donnent 9353 parties d'acide stannique calciné.

M. A. Girard a publié sur ce procédé (*Répertoire de chimie appliquée*, 1862, 5ᵉ liv., p. 173) une note dans laquelle il indique comme préférable la manière suivante d'opérer :

Après avoir projeté dans la solution azotique quatre ou cinq fois autant d'étain pur qu'il y a d'acide phosphorique présumé, l'acide stannique entraîne non-seulement l'acide phosphorique, mais encore du fer et de l'alumine. On redissout le précipité dans un peu d'eau régale après filtration et lavage, puis on sursature par l'ammoniaque, et l'on ajoute du sulfhydrate ammonique en excès. Il se produit un précipité noir de sulfure de fer et d'alumine qui est filtré après une heure ou deux de repos, et qu'on lave avec du sulfhydrate pour enlever les dernières traces d'étain. Si alors on verse du sulfate magnésique dans la liqueur filtrée, on obtient plus rapidement que dans les circonstances ordinaires le précipité caractéristique de phosphate ammoniaco-magnésien.

III. — *Procédé de M. Chancel.* (1) — Le phosphate de bismuth (Bi^2O^3,PhO^5) est insoluble, même dans l'acide azotique.

Le pyro et le métaphosphate de bismuth se transforment en phosphate ordinaire par l'ébullition avec excès de nitrate de bismuth.

La séparation et le dosage de l'acide phosphorique, en présence de diverses bases, est fort simple à l'aide de ce réactif; mais il faut, comme dans le procédé précédent, éviter la présence des sulfates et des chlorures.

On prépare le réactif comme suit: on dissout une partie de sous-azotate bismuthique dans quatre parties d'un acide azotique de densité 1,36, et l'on ajoute trente parties d'eau distillée. Un centimètre cube de cette dissolution précipite sept à huit milligrammes d'acide phosphorique.

On opère la dissolution du minerai dans l'acide azotique, non en trop grand excès; on ramène le fer à l'état ferreux par le sulfide hydrique, que l'on chasse par ébullition, ou mieux

(1) *Répertoire de chimie pure*, avril 1860, p. 115.

par un courant d'acide carbonique, puis le réactif est introduit dans la liqueur filtrée; le précipité est lavé, puis détaché du filtre après dessication; celui-ci est incinéré à part, et ses cendres jointes au précipité, on soumet le tout au grillage. Ce précipité renferme 23,28 pour cent d'acide phosphorique. M. G. Chancel élimine de la solution étendue, avant la réduction par le sulfide hydrique, l'acide sulfurique par l'azotate barytique et le chlore par l'azotate argentique. Le courant de sulfide hydrique précipite alors l'excès d'argent de la liqueur, qui doit être filtrée avant l'addition du nitrate acide de bismuth. (*Répertoire de chimie pure*, 1861, page 56, et *Comptes-rendus de l'Académie des Sciences*, 1860, tome 51, page 882.)

Les autres bases peuvent se doser après séparation de l'excès de bismuth par le sulfide hydrique, mais nous avons déjà dit qu'il était préférable de doser le phosphore dans une liqueur à part.

IV. — *Procédé de M. Lipowitz* (1). — Son procédé est fondé sur l'emploi du molybdate ammonique, que l'on prépare comme suit : on dissout à une douce chaleur deux parties d'acide molybdique pur et une partie d'acide tartrique dans 15 d'eau. On ajoute ensuite 10 parties d'ammoniaque et 15 d'acide azotique; on chauffe alors jusqu'à l'ébullition. Il se dépose un cinquième de l'acide molybdique, qu'on sépare par filtration.

Pour se servir de ce réactif, on en verse une certaine quantité dans un vase où elle est portée à l'ébullition. On y ajoute le liquide à essayer. Le précipité est lavé à l'eau aiguisée d'acide azotique et desséché entre 20° et 30°. Il renferme pour cent, 3,607 d'acide phosphorique.

V. — *Procédé de Berzélius*. — Ce procédé est le plus généralement applicable, car l'alumine, dont la présence empêche l'application d'autres procédés, n'influe en rien sur les résultats qu'il nous donne.

On fond deux parties de minerai avec 1,5 de silice pure et 6 de carbonate potassique sec. La masse fondue est mise en

(1) *Répertoire de chimie pure*, avril 1860, p. 117.

digestion avec de l'eau seule ; on filtre, et l'on ajoute un peu de carbonate ammonique, afin de précipiter la petite quantité de silicate aluminico-potassique qui aurait pu se dissoudre. La dissolution qui renferme l'acide phosphorique est acidulée d'acide azotique, puis on en précipite l'acide phosphorique par l'un des moyens indiqués plus haut.

b. Dans la fonte :

On dissout cinq grammes de fonte bien divisée dans l'eau régale ou mieux dans l'acide azotique fumant ; on évapore à sec, on reprend par l'eau, et les métaux sont immédiatement séparés par un sulfhydrate alcalin ; la liqueur est filtrée, puis l'excès de sulfhydrate décomposé par le chloride hydrique. En chauffant, le soufre se rassemble et peut être séparé par filtration. Le liquide ainsi privé des métaux et du soufre est mélangé à la solution d'un décigramme de fer pur dans l'eau régale. On précipite le tout par l'ammoniaque, on lave, dessèche et pèse le précipité, dont le poids, diminué de 1/7 de gramme ou 0,1429, donne le poids de l'acide phosphorique, car l'ammoniaque précipite tout l'oxyde ferrique, et celui-ci entraîne l'acide phosphorique.

On peut encore appliquer au dosage du phosphore dans la fonte le procédé d'Alvaro Reynoso, indiqué au paragraphe H. Le premier procédé est plus rapide, mais il est défectueux. Il est préférable de faire usage de l'un des autres procédés indiqués pour le dosage du phosphore dans les minerais.

3° DOSAGE DE L'ARSENIC.

a. Dans les minerais :

I. — La dissolution du minerai, faite comme précédemment, est traitée par un excès de sulfhydrate ammonique, qui, à une douce chaleur et par une digestion de quelques heures, précipite les métaux de la liqueur et retient en solution le sulfide arsénieux formé. Après filtration, ce corps est précipité par l'acide acétique.

Comme il se précipite en même temps du soufre, le mieux est de sécher le double précipité de sulfide arsénieux et de soufre, puis de le redissoudre dans l'eau régale après l'avoir pesé. Si l'on en dose alors le soufre (par le chlorure barytique) en soustrayant du poids primitif, on aura le poids de l'arsenic.

On peut encore faire digérer le double précipité de soufre et de sulfide arsénieux dans l'ammoniaque, qui dissout celui-ci et laisse le soufre insoluble. La solution ammoniacale filtrée est précipitée par l'acide acétique, et le précipité de sulfide arsénieux est lavé, desséché et pesé : il contient 75,7575 pour cent de son poids d'arsenic.

Ce procédé aurait sur la méthode précédente l'avantage de séparer de l'arsenic l'antimoine et l'étain.

II. — Si le minerai renferme du phosphore, on conseille de le fondre avec du carbonate potassique ou sodique et un peu de salpêtre. La masse fondue est alors dissoute dans l'eau, puis sursaturée par un courant de sulfide hydrique. On peut alors être sûr, si l'on a opéré à l'abri de l'air, que la liqueur renferme tout l'arsenic à l'état de sulfarséniate potassique. On le précipite comme ci-dessus par l'acide acétique, qui donne du sulfide arsénique.

b. Dans la fonte :

I. — On dose l'arsenic dans la fonte par le second procédé indiqué ci-dessus. La fonte doit être très-divisée et mélangée intimement avec du carbonate sodique et un peu de salpêtre. La masse est fondue, puis reprise par l'eau et saturée de sulfide hydrique à l'abri de l'air. La précipitation et le dosage se font tout-à-fait comme ci-dessus.

L'arsenic peut encore être précipité, comme le phosphore, par le sulfate magnésique additionné d'abord de chlorure ammonique, puis d'ammoniaque.

D. — PROCÉDÉS DE SÉPARATION DU FER DES DIVERSES BASES.

1. — *Terres alcalines.*

Nous avons déjà indiqué les méthodes de séparation du fer des métaux alcalino-terreux par l'ammoniaque et par le sulfhydrate ammonique, ainsi que l'observation de M. L. E. Rivot, sur l'incomplète séparation qu'on obtient par ces deux procédés, et nous avons donné les moyens qu'il a indiqués pour détruire cette inexactitude.

Nous ajouterons encore que, d'après M. Ch. Mène (*Comptes-rendus des séances de l'Académie des Sciences*, 1860, tome LI, p. 180), il ne faut précipiter la chaux qu'à l'état d'oxalate dans une liqueur qui contient des sels ammoniacaux, car ceux-ci dissolvent très-bien les carbonate, sulfate et phosphate calciques, qui passent généralement pour insolubles.

Il existe encore un procédé d'une application assez générale et qui sépare du fer la chaux, la magnésie et le zinc. Il est dû à M. H. Ste-Claire-Deville. On évapore la dissolution de ces corps à l'état d'azotates, jusqu'à siccité et cessation de dégagement de vapeurs nitreuses. Les azotates de fer et d'alumine sont entièrement décomposés ; ceux de chaux, de magnésie et de zinc ne le sont que partiellement.

En traitant le résidu par une solution bouillante et concentrée d'azotate ammonique jusqu'à cessation de dégagement d'ammoniaque, on redissout les terres alcalines et l'oxyde zincique.

II. — *Alumine.*

On peut, comme nous l'avons vu, séparer l'alumine de l'oxyde ferrique par la potasse caustique, et ce procédé suffit pour les essais ordinaires. M. L. E. Rivot a indiqué un procédé plus exact qui consiste à recueillir le précipité obtenu par l'ammoniaque (oxydes ferrique et aluminique), à le placer dans une petite nacelle de platine ou de porcelaine qu'on chauffe au rouge dans un tube de porcelaine traversé par un courant d'hydrogène. Le fer est réduit, l'alumine reste mélangée au fer ; ce mélange est alors attaqué par l'acide azotique ou le chloride hydrique, qui n'attaque pas l'alumine, puisqu'elle a été fortement calcinée, mais qui dissout très-bien le fer.

M. Ste-Claire-Deville emploie un courant de chloride hydrique au lieu d'hydrogène, et obtient ainsi des chlorures métalliques volatils qu'on peut recueillir dans l'eau pour les doser, et l'alumine reste seule dans la nacelle de porcelaine.

III. — *Manganèse.*

Nous avons indiqué un procédé de séparation par le succinate ammonique dans une liqueur parfaitement neutre. Ce procédé convient bien, et Hisinger conseillait de remplacer le succinate ammonique par le benzoate de la même base. Le seul avantage de ce dernier sel était d'être moins cher, car le précipité de benzoate ferrique est de beaucoup plus volumineux que celui de succinate et, de plus, c'est aujourd'hui le premier de ces réactifs qui est le moins cher.

IV. — *Zinc.*

Nous pouvons employer la méthode de séparation par l'ammoniaque ou la méthode de Ste-Claire-Deville, que nous avons décrite à propos de la séparation de la chaux. La première est donnée au dosage du fer par voie humide (2—A).

CHAPITRE II

MINERAIS DE CUIVRE

1. — Essai par voie sèche ordinaire. (1)

Les essais par voie sèche ont l'avantage de donner du cuivre
métallique que l'on peut étudier ; mais on ne peut guère
compter sur leur exactitude, surtout s'il ne s'agit pas de
minerais contenant beaucoup de métal, car on peut dire que
la méthode par voie sèche est tout-à-fait inapplicable aux
matières pauvres en cuivre.

Cependant, quand il s'agit de minerais oxydés ou de cuivres
natifs, qui sont les seuls traités en Belgique, et les seuls dont
nous aurons à nous occuper en détail, le procédé est applicable et donne des résultats suffisants pour l'industrie.

Cela tient à la difficulté du traitement par voie sèche des
minerais sulfurés (chalcopyrites, cuivres panachés, etc.), qui

(1) Bien qu'aujourd'hui le traitement des minerais de cuivre soit en
Belgique totalement abandonné, je n'ai pas cru devoir me dispenser de
donner, avec détail, les méthodes d'analyses employées pour les minerais
que l'on traitait ici.

sont, comme on le sait, excessivement compliqués dans leur composition, et exigent un grillage préalable à la réduction et un raffinage du cuivre obtenu. Les minerais sulfurés sont essayés de deux manières, ou pour matte, ou pour cuivre. Pour matte, la matière est traitée par le borax fondu dans un creuset nu ou brasqué; on trouve alors une scorie cuivreuse et un culot de sulfures au minimum de sulfuration, qui porte le nom de matte. Ce traitement indique la quantité de sulfure qu'on obtiendra en grand, où cette opération se pratique de la même manière en employant comme fondant des scories très-siliceuses.

L'essai pour cuivre doit être précédé d'un grillage soigné pour qu'il ne reste plus de soufre, dont le cuivre s'emparerait lors de la réduction. Il faut observer dans ce grillage :

1° De ménager le feu pendant les premiers instants;

2° De ne chauffer au rouge naissant qu'après formation d'une certaine quantité d'oxyde cuivrique, en ayant soin d'agiter continuellement;

3° De porter alors la chaleur au rouge vif pour faire réagir les sulfures sur les sulfates formés, et décomposer ceux-ci;

4° De chauffer au rouge blanc après que tout dégagement d'acide sulfureux a cessé, dans le but de décomposer les sulfates qui auraient échappé à la réaction.

Il suffit alors de fondre cette matière grillée (oxydes de fer et de cuivre avec un peu de sulfure cuivreux) avec quatre fois son poids de flux noir et un peu de fondant. On obtient ainsi presque tout le cuivre, mais il en resterait dans la scorie si le grillage avait été mal fait.

Pour faire l'essai d'un minerai non sulfuré, il suffit de le mélanger avec un fondant pour les matières terreuses, et un réductif capable de ramener tout le cuivre à l'état métallique. Le mélange est fondu dans un creuset de terre, à une température élevée, vers la fin, au-dessus du point de fusion du cuivre. Les réductifs sont : le flux noir ou un mélange de charbon et d'alcalis caustiques (trois parties de flux pour une de minerai). La difficulté est d'éviter le boursouflement de la masse en chauffant assez longtemps et assez fort pour que la matière, bien fluide, laisse déposer au fond tout le cuivre réduit, et pour que celui-ci se détache alors aisément de la scorie.

M. L. E. Rivot, traitant des minerais sulfurés, a obtenu de bons résultats en se servant de barreaux de fer comme réductifs et d'alcalis caustiques comme fondants. Mais il fait remarquer que l'on perd une petite partie du cuivre qui reste attachée au fer, et que cette pellicule est d'autant plus considérable que le minerai est moins riche. On juge de la qualité du cuivre par ses propriétés physiques : il doit être rouge et s'aplatir aisément sous le marteau. S'il est noir et cassant, ce qui arrive quand il provient de minerais arséniés (cuivres gris), il faut lui faire subir un raffinage qui sépare le cuivre des autres métaux qui y sont alliés. Pour cela, on fait subir au culot une véritable coupellation ou oxydation à une haute température, le cuivre étant moins oxydable que le fer, le plomb, l'arsenic, dont on veut le priver. L'opération se pratique dans un têt chauffé au fourneau de coupelle. Si le cuivre ne contient pas de plomb, on en ajoute un peu à diverses reprises, et, lorsque tous les métaux étrangers forment autour du bouton de cuivre brillant une scorie rejetée sur les bords du têt, on observe le moment où le bouton se ternit, et on laisse refroidir. On préfère quelquefois jeter le bouton de cuivre, recouvert d'une légère pellicule d'oxyde, dans l'eau froide, afin qu'elle se sépare mieux, ou bien on saupoudre le bouton d'un peu de borax avant la fin de l'essai. On compte approximativement que la scorie contient 1/11 de son poids de cuivre et le borax 1/7.

2. — Essai par voie sèche. — Méthode de Plattner.

Le procédé d'essai des minerais au chalumeau est applicable aux minerais de cuivre dont nous nous occupons : c'est pourquoi nous en dirons un mot. Faisons remarquer toutefois que les quantités minimes sur lesquelles on opère et l'habileté qu'exige cette méthode de la part de l'opérateur n'en font guère un procédé industriel.

On ajoute à un décigramme de matière finement pulvérisée

une égale quantité de soude cyanurée (1) et la moitié de borax fondu. Ce mélange est placé dans une cartouche de papier sodé (papier buvard imbibé d'une solution de carbonate sodique), et la cartouche elle-même est placée dans une cavité pratiquée dans un support de charbon de bois et dans laquelle puisse facilement arriver la flamme de réduction.

La matière, étant alors soumise pendant quinze minutes environ à un bon feu de réduction, présente un globule de cuivre réduit que l'on pèse s'il est suffisamment pur.

S'il s'agissait des minerais sulfurés ou sulfarséniés, on procéderait d'abord au grillage soigné d'une certaine quantité de la matière. Pour cela, on mélange environ un décigramme de minerai à vingt-cinq milligrammes de graphite ou à trois fois son volume de charbon finement pulvérisé. On introduit le tout dans une petite capsule enduite de graphite et placée dans une cavité du charbon, et l'on chauffe à la flamme d'oxydation. Il est ordinairement indispensable de recommencer ce grillage plusieurs fois. La matière grillée est traitée comme ci-dessus. Lorsque le globule de cuivre n'est pas bien rouge et malléable, c'est qu'il contient des corps étrangers qui sont surtout le plomb, le fer, l'antimoine et l'arsenic. Il est alors cassant; on en pulvérise un décigramme que l'on mélange à autant de verre de borax, et l'on chauffe jusqu'à ce que l'oxydation commence à gagner le globule de cuivre. Tous les autres métaux s'oxydent et passent dans le borax.

3. — Voie humide.

La voie humide appliquée aux minerais de cuivre est la seule méthode qui donne assez d'exactitude; mais elle est d'une exécution longue et difficile. Le dosage se fait à l'état d'oxyde noir, de cuivre métallique, de sulfure, de sulfocyanure de cuivre, ou encore par différence.

I. — A *l'état d'oxyde cuivrique.* — La solution des minerais

(1) On donne ce nom, dans les essais au chalumeau, à un excellent réductif formé d'un mélange de carbonate sodique sec et de cyanure potassique.

oxydés se fait bien dans l'acide azotique concentré. Quant aux autres minerais, on les attaque par l'eau régale, qui peut être chassée par l'acide sulfurique, si l'on voulait éviter par la suite la présence des agents oxydants. Après évaporation à siccité, on reprend par l'eau acidulée, on porte la liqueur filtrée assez étendue à l'ébullition, et l'on ajoute alors de la potasse caustique. Le précipité brun noirâtre qu'on obtient ainsi est de l'oxyde cuivrique anhydre. Il est recueilli sur un filtre, lavé à l'eau chaude pour enlever la potasse que ce précipité retient fortement, puis pesé, après une calcination, dans un petit creuset de porcelaine ou de platine. A cause de la facile réductibilité du cuivre, on grille le filtre à part, puis on joint ses cendres au précipité grillé.

Ce procédé s'applique très-bien aux minerais oxydés, sauf le cas où l'on y constaterait la présence de matières organiques. Il faudrait alors employer le sulfide hydrique comme précipitant.

II. — *Dosage à l'état de sulfure.* — Il faut que la dissolution soit faite par le chloride hydrique et non par l'acide azotique, qui redissout aisément le sulfure de cuivre formé lorsqu'on fait arriver un courant de sulfide hydrique. On obtient ainsi un précipité noir qui est très-avide d'oxygène, et doit être rapidement filtré et lavé à l'eau chaude additionnée de sulfide hydrique. Lorsqu'il est séché, on le place dans un creuset avec un peu de soufre, et l'on élève la température jusqu'au rouge sombre, afin de ramener toute la matière à l'état de sulfure cuivreux.

On obtient ainsi, dit M. Rivot, un dosage du cuivre très-rapide et d'une grande exactitude, quand la substance ne renferme pas d'autre métal précipitable par le sulfide hydrique. Ce procédé n'est du reste qu'une simplification de celui que nous indiquerons plus loin, § V.

S'il y a dans le minerai un métal précipitable par le sulfide hydrique, tel que le plomb, par exemple, il en sera séparé comme on le verra plus loin.

Disons cependant qu'on préfère souvent, après avoir séparé le cuivre des matières organiques par le sulfide hydrique, redissoudre dans l'acide azotique le précipité de sulfure formé, filtrer pour séparer le soufre et doser le cuivre de cette liqueur comme dans le § I.

III. — *Dosage par différence.* — Ce procédé, dû à M. Levol, a l'inconvénient de tous les dosages par différence, c'est-à-dire de reporter sur la matière dosée toutes les erreurs commises dans le cours des opérations.

La dissolution, qui ne doit contenir aucun métal précipitable par le cuivre, est additionnée d'un excès d'ammoniaque et introduite dans un flacon bouché à l'émeril. On achève de remplir avec de l'eau bouillie, et l'on y plonge une lame de cuivre bien décapée et pesée. On bouche le flacon, et on l'abandonne à une douce température jusqu'à décoloration de la liqueur. Le cuivre introduit va réduire l'oxyde cuivrique à l'état d'oxyde cuivreux ($Cu + CuO = Cu^2O$), de telle sorte qu'en pesant de nouveau la lame de cuivre, on connaît la quantité qui s'en est dissoute et qui est précisément égale à celle qui se trouvait dans la solution et que l'on devait doser.

Il est évident que la liqueur ne doit contenir ni acide nitrique, ni chlore, afin de ne pas attaquer le cuivre.

IV. — *Dosage à l'état de cuivre métallique.* — Dans la dissolution cuivrique le moins acide possible, on plonge une lame de fer bien décapée. Rose recommande l'emploi du zinc parce qu'on peut l'avoir plus pur. Si le dégagement d'hydrogène était trop rapide, il faudrait ajouter de l'eau froide. Quand la liqueur est décolorée, on juge si la précipitation est complète par l'addition d'ammoniaque, qui ne doit plus colorer en bleu. On décante le liquide, lave le précipité à l'eau chaude privée d'air, et le pèse après dessication à 100 degrés.

Si l'on emploie trop de zinc, il peut se former, entre le cuivre précipité et le zinc non dissout, un circuit électrique qui précipiterait du zinc avec le cuivre.

Ce procédé est de M. Berthier.

Il y a un autre procédé qui consiste à précipiter la dissolution cuivrique neutre par l'acide oxalique, qui donne de l'oxalate cuivrique insoluble. On laisse déposer, puis on lave sur le filtre à l'eau acidulée d'acide oxalique. Après calcination du précipité desséché, on obtient du cuivre réduit que l'on pèse. Pour être bien sûr de cette réduction, on peut chauffer l'oxalate cuivrique sous un courant d'hydrogène sec.

V. — *Dosage à l'état de sulfocianure cuivreux.* — Ce procédé a été indiqué par M. Rivot (*Annales des mines*, tome VI, 5ᵉ série, 1854.)

Si l'on considère seulement les dissolutions chlorhydriques des métaux, et que l'on y verse du sulfocyanure potassique, le précipité qu'on obtiendra sera uniquement formé de sulfocyanure cuivreux (Cu^2S, CyS). C'est le seul sulfocyanure insoluble dans ces circonstances. L'application de cette méthode exige un petit nombre de précautions assez simples.

Il faut d'abord faire la solution dans le chloride hydrique, puis ramener au minimum de chloruration la liqueur cuivrique. On peut faire usage pour cela d'acide phosphoreux ou d'acide sulfureux. L'auteur préfère l'emploi de ce second réactif, et s'en sert à l'état de courant gazeux, qu'il fait arriver pendant une demi-heure dans la liqueur, chauffée au plus à 70°. On verse ensuite progressivement une solution très-étendue de sulfocyanure potassique, en ayant bien soin de ne pas interrompre l'arrivée du courant d'acide sulfureux. Le précipité obtenu ainsi est blanc, grenu, se lave assez bien, et ne laisse pas une trace de cuivre dans la liqueur. Il doit être desséché à une température inférieure à 75°, et présente exactement la composition indiquée par la formule Cu^2S, CyS. Il renferme donc p. c. 52,30 de cuivre.

B. — SÉPARATION DU CUIVRE DES DIVERSES BASES.

1. — *Terres alcalines et zinc.*

On obtient une séparation immédiate par un courant de sulfide hydrique dans une liqueur légèrement acide. On risque cependant d'avoir un peu de zinc précipité avec le cuivre, surtout si l'acide employé pour aciduler n'est pas l'acide sulfurique.

Procédés de M. Flagcolot. — Ces procédés permettent de doser le cuivre en le séparant des terres alcalines, du zinc, du cobalt, du nickel, de l'antimoine et de l'arsenic.

1° On verse dans la dissolution bouillante, ne renfermant pas de chloride hydrique ni d'acide azotique, une solution d'hyposulfite sodique jusqu'à cessation de précipité. On recueille alors le sulfure cuivreux formé avec le soufre qui surnage la liqueur, et, après l'avoir bien lavé, on le redissout dans l'acide azotique. Le cuivre est ensuite précipité et dosé à l'état d'oxyde noir par la potasse caustique. Comme la dissolution renferme toujours du chloride hydrique et de l'acide nitrique, et qu'il faut les expulser, on évapore à siccité en ajoutant peu à peu de l'acide sulfurique, puis étendant d'eau chaude.

2° Le second procédé est basé sur l'insolubilité complète de l'iodure cuivreux (plus complète que celle du sulfate barytique) dans une liqueur acidulée d'acide sulfurique. On fait la dissolution comme ci-dessus en expulsant les acides chlorhydrique et nitrique. Ensuite on prépare une solution d'iode dans l'acide sulfureux, ce qui produit de l'iodide hydrique $Io + SO^2 + HO = HIo + SO^3$, et on l'introduit dans la liqueur filtrée après l'avoir réduit par l'acide sulfureux. Il faut verser le réactif par petites portions et s'arrêter quand il ne se forme plus de précipité. On filtre avec précaution, on dessèche et pèse après lavage. Il est encore bon, dans ce cas, d'opérer une vérification en redissolvant dans l'eau régale et précipitant par la potasse caustique. Rose (1) conseille l'emploi du procédé de Rivot préférablement à celui-ci.

II. — Fer.

On obtient une séparation peu nette en peroxydant la liqueur par l'acide azotique et précipitant le fer par l'ammoniaque, dont un excès redissout le cuivre. L'oxyde ferrique retient toujours de l'oxyde cuivrique.

On peut encore se servir du sulfide hydrique, qui ne précipite que le cuivre et donne des résultats bien plus précis.

(1) Répertoire de chimie pure, 1861.

III. — *Plomb.*

Le meilleur procédé pour séparer le cuivre du plomb consiste à précipiter les deux métaux par le sulfide hydrique, recueillir les deux sulfures, les laver et évaporer l'eau de manière à obtenir les sulfures secs. En traitant ensuite ce mélange par l'acide azotique fumant, le cuivre est redissout, et le plomb transformé en sulfate, qui, formé dans ces circonstances, est très-peu soluble. On le sépare par filtration, puis on dose le cuivre dans la liqueur par l'un des procédés indiqués.

Le sulfate de plomb devient tout-à-fait insoluble si l'on ajoute à la liqueur un sixième de son volume d'alcool (H. Rose).

CHAPITRE III

MINERAIS DE ZINC

1. — Essai par voie sèche.

A. — MINERAIS OXYDÉS. — CALAMINES ET SMITHSONITES.

Les minerais oxydés du zinc sont confondus par les métallurgistes sous le nom de calamine. On peut les analyser par les méthodes suivantes :

I. — On mêle un poids connu de calamine desséchée avec du noir de fumée. Le mélange est introduit dans une cornue réfractaire chauffée dans un fourneau à réverbère. Le zinc est réduit à une très-haute température ; il distille, et on peut le recueillir dans le col de la cornue.

Ce procédé ne convient pas pour un essai quantitatif exact, mais il est le seul qui puisse fournir des données sur la qualité du zinc.

Deux autres procédés ont été indiqués par M. Berthier, mais nous n'en parlerons pas : nous les croyons avantageusement remplacés par le procédé que donne M. Is. Kuppferschlaeger. Voici cette méthode, telle qu'elle est pratiquée à l'École des Mines de Liége :

Deux grammes de minerai pulvérisé et sec sont placés dans

un petit têt en terre réfractaire muni de son couvercle et taré avec soin. On l'introduit dans le moufle d'un fourneau de coupelle. Après une demi-heure de chauffe, il est pesé, afin de déterminer par différence les matières volatiles, eau et acide carbonique. Le têt est ensuite replacé dans le moufle sans son couvercle, pour amener à leur maximum d'oxydation les oxydes ferreux et manganeux ; on ajoute même quelques gouttes d'acide nitrique. Ce grillage dure une demi-heure. Après une nouvelle pesée, le minerai est mêlé avec une quantité à volonté de noir de fumée pur, ou laissant un poids connu de cendres, et ce mélange est placé dans une cavité que l'on creuse dans le noir de fumée dont on a rempli le têt, en ayant soin de ne pas le tasser. On achève de remplir de noir, puis on referme le têt d'un couvercle percé d'un petit trou à la partie supérieure. Les interstices que laisse le couvercle sont lutés avec de l'argile plastique.

Le têt ainsi préparé est replacé dans le moufle, dont on ferme l'ouverture à l'aide de quelques morceaux de coke, et dont on élève fortement la température.

Pour éviter que du charbon ne brûle avant d'avoir réagi, on peut fermer imparfaitement le trou du couvercle par un morceau de coke. En cinq quarts d'heure, la réduction est terminée, tout le zinc est volatilisé. On enlève alors le couvercle du têt, et l'on grille pour enlever l'excès de carbone et ramener le fer et le manganèse à l'état d'oxydation où ils se trouvaient avant la réduction. On achève plus commodément ce grillage dans une petite capsule de porcelaine, en ajoutant une ou deux gouttes d'acide nitrique. Le résidu pesé indique la perte en oxyde zincique volatilisé.

Supposons qu'on ait opéré sur deux grammes de minerai, donnant après calcination 1,3180
Après réduction, on trouve pour poids du
résidu 0,1553
Cendres laissées par le noir de fumée . . 0,0035

Résidu provenant du minerai 0,1518 0,1518

Perte de poids en oxyde zincique 1,1662
Correspondant en zinc à 0,938

Le minerai contient donc 46,87 % de métal.

Ce procédé, comme on le voit, est fondé sur la volatilité du zinc, et, lorsqu'il s'agit de calamines, sur la possibilité de la réduction des silicates zinciques par le charbon, sans fondant d'aucune espèce. La possibilité de cette réduction était niée par les métallurgistes français, mais M. le professeur J. Chandelon a, en 1846, entrepris des expériences qui ont même démontré que l'emploi d'un fondant était nuisible, car il entraînait toujours une perte en zinc.

Le procédé de M. Kuppferschlaeger est très-applicable, et permet de faire un essai de zinc en fort peu de temps (3 heures). Il y a des cas où cette méthode n'est pas exacte : c'est lorsque le minerai renferme du plomb ou du cadmium. En effet, ces métaux, étant volatiles, seraient comptés comme zinc. Il est vrai qu'on pourrait doser ces corps et les déduire, mais le procédé serait toujours sujet à l'erreur et deviendrait très-long.

B. — ESSAI DES MINERAIS SULFURÉS.

L'essai des blendes ne se fait qu'après leur grillage. On en place une quantité qui varie entre 20 et 30 grammes dans une capsule ou un têt, après avoir finement pulvérisé la matière. Le grillage peut se faire dans le moufle d'un fourneau de coupelle. Il faut avoir soin de remuer constamment la masse afin que le grillage se fasse uniformément. Une partie du soufre s'en va à l'état d'acide sulfureux, une autre reste à l'état d'acide sulfurique uni à l'oxyde zincique, et une troisième reste à l'état de sulfure inattaqué. On pèse séparément deux grammes de minerai grillé qu'on traite par voie sèche, comme les calamines, et deux grammes qu'on traite par l'eau, si l'on veut doser la portion de soufre qui est passée à l'état de sulfate zincique soluble. Pour cela, on filtre après digestion suffisante, et l'on précipite à chaud par le chlorure barytique. Si l'on veut doser la quantité totale de soufre, on opérera comme nous l'indiquerons plus loin.

C. — DOSAGE DE L'ARGENT DANS LES BLENDES.

Nous devons encore rattacher à la méthode d'analyse par voie sèche le dosage de l'argent dans les blendes qui en renferment.

Le procédé généralement usité consiste à faire passer l'argent dans du plomb réduit, d'où on le retire aisément en le coupellant.

On mélange dix grammes de blende argentifère avec 100 grammes de litharge et dix de salpêtre, puis on soumet la masse à la fusion. Une partie de la litharge est réduite, et le plomb qui en résulte retient tout l'argent. La masse étant coulée, puis refroidie, on sépare le plomb de la scorie, et celui-ci est soumis à la coupellation.

Il faut avoir bien soin que la litharge employée ne soit pas elle-même argentifère, ce qui arrive assez fréquemment.

On obtient la litharge en calcinant un sel organique de plomb, l'acétate par exemple, mais il arrive souvent alors qu'une portion du plomb est réduite. On pourrait y mélanger un peu de nitrate, mais on obtient un produit bien préférable en décomposant par la chaleur le carbonate plombique obtenu en précipitant une solution de plomb par le carbonate ammonique.

2. — Essai par voix humide.

A. — DOSAGE DU ZINC.

Le zinc se dose à l'état d'oxyde, obtenu en calcinant le carbonate que fournit la précipitation à chaud par le carbonate sodique. On se sert aussi de sulfhydrate ammonique et du sulfide hydrique, qui précipitent le zinc à l'état de sulfure.

Les procédés que nous allons décrire s'appliquent également aux calamines et aux blendes grillées.

1. — *Procédé de M. I. Kupperschlaeger.* — La matière, finement pulvérisée, est traitée par le chloride hydrique bouillant, si c'est un minerai oxydé, et par le même acide additionné d'acide

nitrique si l'on a affaire à un minerai sulfuré. On évapore à siccité complète pour rendre insoluble la silice qui se trouvait combinée à l'oxyde zincique. On reprend par l'eau aiguisée d'acide azotique, et, par filtration, la silice est séparée et dosée.

L'alumine et l'oxyde ferrique sont précipités à la fois par un mélange d'ammoniaque et de carbonate ammonique dont un excès redissout l'oxyde zincique, et ce double précipité est séparé par une filtration et un lavage à l'eau ammoniacalisée.

On évapore à siccité la liqueur filtrée qui contient le zinc, en ajoutant à la fin un peu d'acide azotique pour détruire les sels ammoniacaux. Le résidu sec est repris par de l'eau et bouilli avec du carbonate sodique. Cette ébullition donne du carbonate zincique, lequel est filtré, lavé et desséché complètement, puis séparé de son filtre, qu'on incinère à part avec addition d'une goutte d'acide azotique. Le précipité est ensuite réuni aux cendres de celui-ci et pesé après une nouvelle calcination qui transforme le carbonate de zinc en oxyde.

II. — Il existe un autre procédé en usage pour l'analyse des calamines : il est fondé sur l'emploi des carbonates terreux artificiels et sur la propriété qu'ils possèdent de précipiter l'oxyde ferrique de ses dissolutions, et d'y laisser l'oxyde zincique.

On place donc dans la solution du minerai un léger excès de carbonate barytique fraîchement préparé. Après une digestion d'une heure à froid, l'oxyde ferrique est complètement précipité et l'oxyde zincique reste dissout. Celui-ci est ensuite précipité de la liqueur filtrée par le sulfhydrate ammonique (1). Le sulfure zincique ainsi formé est redissout par le chloride hydrique bouillant, après quoi on le précipite, comme ci-dessus, par le carbonate sodique.

III. — *Procédé de M. Ste-Claire-Deville.* — Ce procédé, que nous

(1) Il faut avoir bien soin, quand on précipite le zinc par le sulfhydrate ammonique, d'en employer qui ne soit pas altéré : M. J. Chandelon a trouvé que le sulfure zincique se dissout dans du sulfhydrate ammonique altéré.

avons décrit pour la séparation du fer des terres alcalines et du zinc, consiste à dissoudre la calamine par l'acide azotique, à évaporer la masse à sec, à la reprendre par l'eau, et, après filtration pour séparer la silice, évaporer de nouveau.

Cette nouvelle évaporation doit se faire assez complètement pour qu'il n'y ait plus de dégagement de matières nitreuses. Alors que les azotates ferrique et manganique sont décomposés, on reprend la masse à chaud par un mélange d'azotate ammonique et d'ammoniaque qui ne redissout pas les oxydes précités, mais bien l'oxyde zincique et la petite portion d'azotate zincique non décomposé.

IV. — *Procédé applicable spécialement aux blendes.* — La blende renferme souvent en mélange quelquefois très-intime de la galène, de la greenockite (sulfure de cadmium), des pyrites de fer et de cuivre, puis, comme gangue, des veines de quartz et de l'argile.

La blende, réduite en poudre fine, est traitée par trois ou quatre parties d'acide azotique fumant. On chauffe modérément, et, après décantation, on fait bouillir le résidu avec de l'eau régale. La partie non dissoute est formée de soufre, de sulfate plombique et de silice avec argile; on la lave, dessèche, pèse, puis, grillant et repesant, la perte de poids fait connaître le soufre volatilisé. Ce qui reste est fondu avec du carbonate sodique, ce qui donne du sulfate et du silicate sodique solubles et de l'oxyde plombique insoluble qu'on sépare par filtration.

L'acide sulfurique de la liqueur filtrée est précipité par une solution barytique, après acidulation par l'acide chlorhydrique, puis on sépare les oxydes comme ci-dessus (p. 220).

B. — DOSAGE SÉPARÉ DU SILICATE ET DU CARBONATE ZINCIQUE DES CALAMINES.

Ce dosage est quelquefois très-important à faire. Il s'opère après une calcination qui chasse l'eau et l'acide carbonique, de sorte que le zinc qui était carbonaté ou hydraté n'est plus qu'oxydé, et celui qui était silicaté perd son eau, s'il en contient.

Si donc on traite la masse par le mélange d'ammoniaque et

de carbonate ammonique, comme nous l'avons employé dans le premier procédé, ce mélange ne dissoudra que ce qui était à l'état de carbonate ou d'hydrate et qui est maintenant à l'état d'oxyde. On aura ainsi le moyen de doser séparément le zinc qui était silicaté.

Il ne faudrait cependant pas trop compter sur l'exactitude de ce procédé, car on ne connaît pas rigoureusement la constitution des calamines, et je me suis assuré que le mélange ammoniacal dissout du zinc, lors même qu'on opère sur des cristaux de calamine pure, calcinée ou non.

C. — DOSAGE DU SOUFRE DANS LES BLENDES GRILLÉES.

Dans les blendes grillées en grand, on retrouve encore du sulfure zincique qui n'a pas été oxydé, des sulfates zincique et calcique, dont il faut doser le soufre.

On traite la substance en poudre fine par l'acide azotique fumant, puis par l'acide chlorhydrique additionné de chlorate potassique ; on évapore, et l'on reprend par le chloride hydrique bouillant qui dissout les sulfates, y compris le sulfate plombique. On les sépare de la silice, en ayant bien soin de tenir la solution chaude pour empêcher le chlorure plombique de se précipiter. Une solution étendue d'azotate barytique, qu'on ajoute alors, précipite complètement l'acide sulfurique que le soufre a formé.

On dose quelquefois approximativement, de la manière suivante, le soufre contenu dans les blendes grillées :

On attaque la blende par le chloride hydrique, et l'on soumet à l'action du sulfide hydrique qui s'en dégage un papier imbibé d'acétate plombique, dont la solution doit être préparée d'avance pour conserver la même concentration. Toutes les autres circonstances de temps, de dilution et de température doivent rester aussi identiques que possible afin de rendre les essais bien comparables.

Le papier prend alors, sous l'influence du gaz sulfhydrique, des colorations variant du jaune au brun foncé et au noir, que l'on compare aux teintes peu nombreuses d'un tableau préparé d'avance dans les mêmes circonstances. Après quelque temps d'habitude, ce tableau devient même inutile pour constater la teneur en soufre correspondant à une teinte donnée. Pour les blendes qui n'en renferment pas plus de 1 %, l'approximation peut aller à un quart pour cent.

Comme la blende n'est que difficilement attaquable par le chloride hydrique, on la mélange avec un peu de fer porphyrisé, qui lui donne la propriété d'être décomposée par l'acide; mais ce fer renfermant presque toujours du soufre, M. F. Dewalque (*Revue universelle*, tome XII, p. 339) propose de le remplacer par de petites lames de zinc pur ou, à son défaut, de *zinc à la calamine*, *Vieille-Montagne*, qui est complètement privé de soufre. Nous donnons ceci comme procédé d'usine; mais il ne faut pas en attendre des résultats bien certains, si les essais ne sont pas faits par une même personne très-habituée, ou si les blendes renferment beaucoup de soufre.

D. — SÉPARATION DU ZINC DES DIVERSES BASES.

I. — *Manganèse et fer.*

Nous supposerons ces deux métaux peroxydés. S'ils ne l'étaient pas, il faudrait les amener à leur maximum d'oxydation avant de procéder à leur séparation.

La précipitation par un excès d'ammoniaque ou mieux par un mélange de cette base et de son carbonate, convient parfaitement aux besoins de l'industrie, surtout si l'on a soin de laisser le mélange en digestion pendant 10 à 12 heures. Mais, si l'on veut opérer plus exactement, il faut s'y prendre comme suit : on doit obtenir une solution d'acétates des métaux ; c'est là qu'est toute la difficulté de la méthode. Pour y arriver, on fait une solution dans un acide qui puisse être chassé par l'acide sulfurique. En évaporant à sec et ajoutant peu à peu ce dernier acide, on obtiendra une solution composée seulement de sulfates. Si maintenant on ajoute avec précaution de l'acétate barytique, on obtiendra dans la liqueur des acétates des métaux qui s'y trouvaient et un précipité de sulfate barytique. Dans la liqueur filtrée, un courant de sulfide hydrique ne précipitera que le zinc si l'on a eu soin d'ajouter à la liqueur un peu d'acide acétique. S'il arrive qu'une trace de sulfure ferreux se précipite et colore en noir le dépôt de sulfure zincique, il suffit d'un repos de quelque temps dans un vase couvert pour faire disparaître cette coloration (Rose).

Le sulfure de zinc est mélangé de soufre, et doit être redissout, après lavage, dans le chloride hydrique bouillant, pour être ensuite précipité par le carbonate sodique.

Nous avons encore décrit (chap. I, D) un procédé de séparation qui peut s'appliquer au fer et au zinc : c'est celui qui précipite le sesquioxyde ferrique par le succinate ammonique dans une liqueur neutre.

II. — *Cadmium.*

Le cadmium accompagne assez souvent, à l'état de sulfure, les blendes de notre pays.

On peut les séparer assez exactement du zinc, en évaporant à sec la dissolution qui les contient, et en y ajoutant de l'acide sulfurique de manière à obtenir une dissolution des sulfates. Un courant d'hydrogène sulfuré ne précipite que le cadmium de cette dissolution à l'état de sulfure cadmique. (1)

Cette séparation est aussi très-bien effectuée dans le procédé d'analyse de M. Is. Kupperschlaeger, en ajoutant à la liqueur un excès de mélange d'ammoniaque et de carbonate ammonique. Le cadmium se trouve ainsi précipité à l'état de carbonate, et séparé du zinc, que le mélange ammoniacal redissout très-bien.

III. — *Plomb.*

Cette séparation est la plus difficile à bien exécuter; cependant la blende de notre pays se trouve, pour ainsi dire, constamment associée à la galène.

Le mélange d'ammoniaque et de carbonate ammonique précipitera le plomb à l'état de carbonate, et laissera le zinc

---

(1) Nous ferons cependant observer que, d'après W. Wernicke, il se précipite d'autant plus de zinc, par le sulfide hydrique, dans une solution de sulfate, que celle-ci est plus étendue. (*Poggendorff's Annalen*, CX, 655.)

dissout. C'est encore une fois l'application du premier procédé d'analyse que nous avons indiqué.

La séparation peut encore s'effectuer par un courant de sulfide hydrique; mais il faut alors prendre beaucoup de précautions. Voici le détail de ce procédé :

La dissolution est effectuée dans le chloride hydrique évaporée à sec, puis reprise par l'eau chaude et additionnée de chlorure ammonique ou sodique, afin de maintenir plus aisément le chlorure de plomb dissout. Cela fait, on filtre, on lave le précipité, en ayant soin que la liqueur reste chaude. Dans la liqueur très-étendue, on fait ensuite passer un courant de sulfide hydrique, en opérant dans un vase que l'on puisse ensuite boucher, et on laisse digérer ce mélange pendant vingt-quatre heures. Le précipité ainsi obtenu renferme du plomb et du zinc. Il est filtré, lavé et séché, puis séparé de son filtre, que l'on grille. Les cendres sont alors réunies au précipité sec, et c'est ici que s'achève la séparation. On verse de l'acide azotique bouillant sur les sulfures mélangés d'eau, et à la fin on ajoute quelques gouttes d'acide sulfurique. On évapore à sec dans une capsule de porcelaine qu'on chauffe ensuite au rouge sombre. Le mélange des sulfates est repris par l'eau chaude alcoolisée, qui ne dissout que celui de zinc. Le sulfate plombique est recueilli sur un filtre, lavé, séché et grillé, tandis que le sulfate de zinc est réuni à la liqueur première, dans laquelle on avait fait venir le courant de sulfide hydrique.

Voici un autre procédé que l'on emploie beaucoup dans les usines de la Vieille-Montagne pour séparer et doser le plomb qui se trouve dans les blendes grillées et dont la quantité se monte quelquefois à 10 pour cent dans les blendes en schlichs :

La blende grillée est attaquée par de l'acide azotique fumant. On évapore à siccité, puis on additionne d'acide sulfurique pour tranformer le plomb en sulfate. On dessèche de nouveau, puis on ajoute très-peu d'eau, et une filtration sépare la plus grande partie du zinc; il reste sur le filtre le sulfate de plomb et les matières insolubles du minerai. Le filtre et le précipité sont mis en digestion à chaud dans une solution assez concentrée de tartrate ammonique, qui dissout le sel plombique.

On filtre alors, et on lave parfaitement, d'abord avec la solution de tartrate, puis avec de l'eau.

Dans la liqueur filtrée, que l'on additionne d'un peu d'acide acétique, on précipite le plomb par le bichrômate potassique à chaud. Le chrômate plombique qui en résulte est desséché, puis pesé.

La nuance du précipité jaune qu'on obtient est variable, ce qui tendrait à faire croire à une variation dans la composition; mais il paraît que, dans ces circonstances, ces changements sont dus à l'état moléculaire du précipité. Disons seulement que la meilleure couleur qu'il puisse avoir est le jaune-orangé. S'il est jaune-serin, le précipité passe à travers le filtre et est presque impossible à doser.

CHAPITRE IV

MINERAIS DE PLOMB

1. — Essais par voie sèche, méthode ordinaire.

I. — *Procédé Levol.* — On fait un mélange intime de
15 grammes de galène, autant de cyanoferrure potassique
(FeCy + 2 KCy ou prussiate jaune de potasse) et 8 grammes
de cyanure potassique. On introduit le tout dans un creuset de
terre que l'on porte au rouge cerise. Après une heure et demie de
chauffe, on retire le creuset et on le laisse refroidir : on trouve
alors au fond un culot de plomb qui ne contient ni zinc ni fer,
mais qui retiendrait l'antimoine s'il y en avait dans le minerai.

II. — *Procédé applicable aux mélanges de sulfures.* — On
mélange intimement 12 grammes de galène avec 2,5 de fil de
fer pur (fil de clavecin ou petites pointes de Paris), et 18 à
30 grammes de flux noir, selon la nature et la quantité de la
gangue. On fond le tout graduellement dans un creuset que la
matière remplit aux deux tiers. Dès que la fusion est complète,
on coule le plomb, que l'on coupelle ensuite s'il est argentifère.

Si le fer était trop divisé, une partie de l'excès s'allierait au plomb, tandis qu'en morceaux on peut aisément l'en séparer.

Signalons en passant une fraude qui s'est quelquefois commise : elle consiste à ajouter du peroxyde de manganèse à la matière traitée par le procédé ci-dessus. On obtient alors un culot de plomb, qui renferme le fer et le zinc allié au métal, ce qui donne évidemment un rendement beaucoup trop considérable.

III. — *Procédé d'usine.* — On chauffe à blanc un creuset de fer, et, si l'on s'en sert pour la première fois, on y fond un mélange de carbonate sodique et de borax, que l'on jette ensuite, afin d'enlever du creuset les pellicules d'oxyde de fer, et l'on y introduit alors un mélange formé de 10 grammes de galène, 28 de carbonate sodique sec et 5 de borax. On réchauffe dans le même fourneau jusqu'à liquidité parfaite, puis on coule le plomb dans une lingotière. On peut encore modifier ce procédé en mélangeant la galène avec 10 grammes de carbonate sodique, 10 de tartre brut, et plaçant par-dessus une petite quantité de borax fondu. On chauffe alors un peu plus longtemps.

S'il s'agit de minerais oxydés (céruses, pyromorphites, etc.), le procédé est également applicable. Il faut mélanger au minerai du flux noir et du charbon, et, s'il y a des matières étrangères, placer au-dessus du mélange une couche de flux et un peu de borax. La matière se boursoufle. On donne un bon coup de feu pour fondre le tout, après quoi on coule, et l'on sépare le plomb de la scorie en la pulvérisant et passant au tamis.

Le plomb contient alors seulement le cuivre, l'antimoine et l'argent. Le fer ne s'y allie point, et le zinc se volatilise.

A Carthagène, où ce procédé est continuellement employé, on a supprimé l'inconvénient de couler la matière, ce qui entraîne presque toujours la perte de quelques grenailles.

Une barre de fer où sont creusées trois cavités coniques sert de creuset. On fait trois essais à la fois. Lorsque le mélange qui y a été placé est arrivé au point où la fusion est tranquille, on retire la barre du feu, et on la laisse refroidir. Ce n'est

qu'après solidification qu'on retire les trois essais de leurs
cavités. (1)

Le fourneau est disposé de telle sorte que la barre puisse y
entrer, à hauteur de la grille, par un mouvement horizontal de
glissement.

IV. — *Galènes antimoniales.* — Pour les galènes qui contiennent de l'antimoine, on se sert du procédé décrit ci-dessus.
Seulement, pour une partie de minerai, on en met quatre de
carbonate sodique ou de flux noir, ou encore de crème de
tartre. Par la fusion, l'antimoine passe dans la scorie, ses
oxydes formant des combinaisons avec les alcalis.

V. — *Galènes argentifères.* — Lorsque la galène est nota-
blement argentifère, on emploie 10 grammes de minerai,
3 grammes de carbonate sodique sec et 3 à 4 grammes d'azotate
potassique. Il faut éviter de mettre un excès de ce corps, car
le soufre ne serait pas alors seul oxydé, mais aussi un peu
de plomb serait perdu.

Par la fusion, on retire un culot de plomb qui contient tout
l'argent, et il ne reste plus qu'à le coupeller.

La coupellation étant décrite avec détail dans tous les traités
de chimie, nous ne nous en occuperons pas ici, d'autant plus
qu'on y trouve très-bien indiquées toutes les précautions à
prendre pour la réussite de ce procédé.

M. E. Koop a donné (*Répertoire de chimie appliquée*) un
nouveau procédé pour l'extraction de l'argent contenu dans la
galène. On mélange celle-ci avec 1 p. c. de chlorure plombique
et 10 p. c. de chlorure sodique. Il faut augmenter un peu les
quantités si la galène est riche. On fond alors la masse, et,
après refroidissement, on trouve deux couches distinctes, une
de sulfure plombique sans argent, l'autre de chlorure sodique
contenant les chlorures de plomb et d'argent. Cette dernière
partie est alors traitée par le charbon et la chaux ou tout autre
réductif. Le plomb qu'on en retire est coupellé. On a, par ce

(1) Pour que la galène n'attaque pas le fer du creuset, on a soin d'y mêler
un peu de limaille de fer, mais pas assez pour qu'un excès puisse s'allier au
plomb de l'essai.

moyen, l'avantage d'obtenir l'argent allié à beaucoup moins de plomb.

2° — Essai au chalumeau. — Méthode de Plattner.

1. — *Minerais sulfurés.* — A un décigramme de galène on ajoute du charbon ou 25 milligrammes de graphite; on introduit le tout dans une petite capsule de Le Baillif enduite de graphite, et l'on soumet au grillage. Lorsque la galène est pure, elle ne peut être grillée avec le charbon sans s'aglutiner, ce qui gâte l'essai. Il faut alors mélanger 3 parties de galène à 1 de pyrite. On reprend alors la masse grillée, on la mélange avec son poids de soude cyanurée et 0,025 à 0,0050 de verre boracique, et on la place dans une cartouche de papier sodé, entre deux capsules enduites de graphite et après avoir ajouté encore un peu de charbon. Le tout étant supporté par un charbon, on le soumet à la flamme d'oxydation pour porter les capsules à l'incandescence. Après cinq à six minutes, la matière est fondue et le minerai réduit. On sépare le plomb de la scorie en l'enveloppant de papier et l'aplatissant sous le marteau. Pour les minerais oxydés, il suffit de supprimer le grillage.

On obtient ainsi le plomb bien séparé ; mais nous avons déjà vu, à propos des minerais de cuivre, combien ces procédés sont peu industriels, tant à cause des petites quantités que l'on traite que des difficultés qui se présentent dans la pratique.

3° — Essai par voie humide.

Le plomb est complètement précipité de ses solutions par le sulfide hydrique et les sulfures alcalins, l'acide sulfurique et les sulfates, l'oxalate et le carbonate ammonique, En outre, le chlorure plombique est presque insoluble dans l'eau froide, et totalement insoluble dans l'alcool concentré.

La plus grande difficulté est ici d'obtenir une dissolution des minerais de plomb. Voici comment on peut en obtenir une qui serve à toutes les précipitations par les divers réactifs :

On attaque deux grammes de galène par le chloride hydrique

bouillant, et l'on évapore à sec. On reprend alors par l'eau bouillante et un peu de chloride hydrique pour dissoudre les chlorures qui auraient pu être décomposés partiellement. Pour faciliter la solution du chlorure plombique, on maintient la liqueur chaude, et l'on ajoute du chlorure sodique ou mieux du chlorure ammonique, qui est plus facile à volatiliser par la suite.

I. — On fait alors passer un courant lent de sulfide hydrique dans la liqueur acidulée et étendue d'eau chaude. On fait arriver le gaz en excès, et l'on ajoute de l'eau froide dans le double but de refroidir la dissolution et de l'étendre assez pour que le plomb se précipite à l'état de sulfure noir et non pas à l'état de chloro-sulfure rouge brun. On bouche alors le vase, et, après vingt-quatre heures de repos, on filtre, on lave avec de l'eau aiguisée de sulfide hydrique, puis on dessèche.

Le précipité est ensuite traité par l'acide azotique fumant, qui le transforme en sulfate complètement insoluble dans l'eau additionnée d'un sixième d'alcool. On filtre. S'il y avait un autre métal précipité par le sulfide hydrique, il faudrait prendre la précaution de griller à part le filtre de tout précipité qui contiendrait du plomb.

Ce procédé suffit, bien exécuté, pour séparer du plomb les terres, le fer, le zinc, le cadmium, le cuivre.

II. — La solution se fait de la même manière, soit qu'on veuille précipiter le plomb à l'état d'oxalate ou de carbonate. Seulement cette solution doit être neutre. Les réactifs employés sont alors l'oxalate ammonique et les bicarbonates alcalins. Le premier de ces agents est certainement le précipitant le plus complet des sels de plomb.

La seule précaution à prendre pour le grillage de ces précipités est de ne pas chauffer assez fort pour que l'oxyde plombique qui en résulte à la fin se fonde et se colle au creuset.

Le dosage à l'état d'oxalate exige que la liqueur ne renferme pas de chaux.

Le dosage à l'état de sulfate, sans passer par le sulfure, se fait en additionnant la liqueur plombique d'acide sulfurique et d'alcool, qui rend la précipitation beaucoup plus complète.

III. — *Procédé de MM. Rivot, Beudant et Daguin.* — Cette méthode n'est applicable qu'au cas, assez rare, d'une galène pure ayant pour gangue du quartz ou de la barytine.

Deux grammes sont mis en digestion dans une solution chaude et un peu concentrée de potasse caustique. Alors on y fait arriver un courant de chlore jusqu'à la transformation de la galène en oxyde pur. Le moment auquel on arrête le courant de gaz est indiqué par l'aspect de la matière insoluble. On étend d'eau, et, lorsque le précipité est déposé, on décante la liqueur, on lave par plusieurs décantations successives. Dans la liqueur on peut doser le soufre par la baryte. La partie insoluble contient la gangue et l'oxyde pure ; on la traite à froid par le chloride hydrique étendu d'eau. Il se forme ainsi du perchlorure plombique soluble qu'on peut filtrer afin de recueillir la gangue, de la laver et de la peser. Le perchlorure est ensuite traité par un alcali qui en reprécipite l'oxyde pur. Celui-ci, étant recueilli, lavé et séché à 100°, permet de doser le plomb.

Nous croyons n'avoir pas à indiquer ici d'autres séparations que celles qui s'exécutent par le premier procédé.

La précipitation par le sulfide hydrique et la transformation des sulfures en sulfates par l'acide azotique fumant suffisent, dans tous les cas, pour séparer nettement le plomb des autres métaux.

M. A. Vée a indiqué (*Répertoire de chimie*, 1860) un mode de séparation du plomb, du cuivre et du zinc ; mais elle exige une solution acétique. On verse du chrômate potassique dans la liqueur chaude ; il se précipite du chrômate de plomb, qu'on laisse déposer.

Le précipité, lavé, est dissous dans le chloride hydrique étendu et chaud ; on additionne d'un peu d'acide tartrique, et l'on traite la liqueur rendue alcaline par le sulfide hydrique ou le sulfhydrate ammonique, qui ne précipite que le plomb. Ce sulfure est alors transformé en sulfate, comme plus haut.

CHAPITRE V

PROCÉDÉS VOLUMÉTRIQUES , COMPARAISON DE CES PROCÉDÉS AVEC CEUX DÉCRITS DANS LES CHAPITRES PRÉCÉDENTS

Disons d'abord un mot de la manière dont s'exécutent tous les procédés volumétriques.

Ils sont fondés sur l'apparition d'un phénomène quelconque indiquant qu'une réaction est terminée.

Ce phénomène est le plus souvent une décoloration ou une coloration ; quelquefois c'est l'apparition ou la cessation d'un précipité très-apparent : c'est ce qu'on nomme le point d'arrêt.

Le réactif est introduit, au moyen d'une burette graduée en dixièmes de centimètres cubes, dans la solution qu'on examine, et l'on mesure avec soin la quantité qu'on a fait agir jusqu'au moment où le phénomène apparent s'est montré.

La réaction qui se produit doit avoir lieu sur le corps que l'on dose ou sur un de ses composés. Il est clair alors que, sachant le volume de réactif employé , on pourra en déduire le poids du corps sur lequel il a agi, si un essai préalable a fait connaître l'action sur le même corps d'un centimètre cube de réactif.

Cet essai préalable constitue le titrage du réactif.

Les essais volumétriques ont, sur les essais précédemment décrits, l'avantage incontestable de supprimer les nombreuses pesées, filtrations, lavages et autres opérations qui rendent les analyses ordinaires si longues et si difficiles.

En outre, on n'emploie dans ces procédés que la quantité de réactif strictement nécessaire.

On peut dire qu'en général ces procédés sont les plus expéditifs, suffisants pour les besoins de l'industrie. Du reste, ils se perfectionnent de jour en jour.

A. — MINERAIS DE FER.

1. — *Procédé de M. Marguerite.* — Il est fondé sur ce que le permanganate potassique (1), corps de couleur rouge pourpre très-foncé, se décolore complètement au contact d'une solution ferreuse et la transforme en solution ferrique sur laquelle il n'a plus d'action.

La formule suivante explique l'action du permanganate potassique sur le chlorure ferreux ou le sulfate de la même base en présence d'un excès d'acide sulfurique :

$$10\,(FeO,\,SO^3) + KO,\,Mn^2O^7 + 8SO^3 =$$
$$2\,(MnO,\,SO^3) + 5\,(Fe^2O^3,\,3SO^3) + KO,\,SO^3.$$

Comme une très-petite quantité de permanganate potassique colore en rose un très-grand volume de liquide, on voit que la transformation de l'oxyde ferreux de la liqueur en oxyde ferrique ne sera pas sitôt faite, que cette liqueur prendra une teinte rose caractéristique due à la dernière goutte de réactif mise en excès.

Le minerai est dissout, comme à l'ordinaire, dans le chloride hydrique. S'il avait fallu employer l'eau régale, on chasserait l'acide azotique par un excès de chloride hydrique et l'ébullition.

Il faut maintenant, pour en doser le fer, ramener la liqueur à l'état ferreux, ce qui se fait au moyen du sulfide hydrique, de l'hyposulfite sodique ou d'une lame de zinc métallique pur.

____

(1) Caméléon minéral.

Si l'on fait usage des deux premiers moyens, il devient indispensable de porter après la liqueur à l'ébullition pour chasser ou décomposer l'excès de réductif, tandis qu'avec la lame de zinc, il suffit de la laver après décoloration complète de la liqueur acide, étendue, ce qui est à la fois plus court et plus facile.

Ce procédé est applicable au dosage du fer contenu à l'état ferreux dans le minerai : il suffit d'employer le chloride hydrique seul pour faire la solution, et d'opérer directement sur celle-ci sans la réduire. Le réactif n'agira que sur la portion ferreuse du minerai.

On opère ordinairement sur cinq décigrammes de matière, et la liqueur ferreuse est étendue d'eau bouillie jusqu'à environ un demi-litre. On y verse alors peu à peu la solution titrée de permanganate potassique, en ayant soin d'agiter, et d'ajouter de l'acide sulfurique à la liqueur s'il s'y produisait un précipité brun (hydrate d'oxyde manganique). Lorsqu'apparaît la teinte rose qui indique le point d'arrêt, on note soigneusement le nombre de divisions employées, et l'on en déduit, comme nous allons le voir, la quantité de fer que contenait la matière.

Titrage du permanganate. — On doit évidemment titrer la dissolution qui sert à l'analyse. Pour cela, on dissout un gramme de fer pur dans vingt centimètres cubes de chloride hydrique bien exempt de ce métal. La solution ferreuse est alors soumise, comme ci-dessus, à l'action du réactif qu'on veut employer. Soit N le nombre de divisions qu'il a fallu verser dans la solution de 1 gramme de fer, soit n le nombre de divisions dont on s'est servi pour l'analyse du minerai : le poids en grammes du fer qui y est contenu sera donné par $\frac{n}{N}$

Le mieux est de faire comparativement deux ou trois titrages et de prendre ensuite une moyenne.

On peut encore titrer le permanganate potassique, comme l'a indiqué M. Mohr, par son action sur le sulfate ferroso-ammonique ($FeO,SO^3 + Az\,H^4O,SO^3 + 6HO$).

Ce sel double a sur les sels ferreux l'avantage précieux de se conserver à l'air sans altération. On l'obtient en dissolvant dans l'eau 139 grammes de sulfate bien ferreux cristallisé et 66 de sulfate ammonique, filtrant et faisant cristalliser. Les cristaux renferment 6 équivalents d'eau.

Sept grammes de ce sel renferment un gramme de fer.

On peut opérer pour le titrage successivement sur plusieurs portions égales de sel ferroso-ammonique pesant sept décigrammes, soit n' le nombre moyen de divisions de permanganate nécessaires pour transformer entièrement les 7 décigrammes de sel ferreux en sel ferrique, n le nombre de divisions employées dans l'analyse d'un minerai ; le nombre de grammes de fer contenu dans celui-ci sera $\frac{n}{10\,n'}$

On s'est encore servi, pour le titrage, d'acide oxalique cristallisé dissout dans beaucoup d'eau et additionné d'acide sulfurique, Par l'addition de permanganate potassique, la réaction suivante a lieu : $5C^2O^3 + 3SO^5 + KO,Mn^2O^7 = 10CO^2 + KO,SO^3 + 2\,(MnO,SO^3)$.

Un équivalent d'acide oxalique prend au réactif un équivalent d'oxygène, tandis qu'un équivalent d'oxyde ferreux n'en prend qu'un demi. Il en résulte qu'un équivalent d'acide oxalique anhydre, ou 450, agit sur le réactif oxydant comme deux équivalents d'oxyde ferreux ou 900. L'acide oxalique cristallisé renfermant trois équivalents d'eau, et 900 d'oxyde ferreux contenant 700 de fer, la réaction qui s'opère sur 787,5 d'acide cristallisé est la même qui se produirait sur 700 de fer.

Soit n'' le nombre de divisions qu'il faut pour colorer en rose une solution de 0,7875 grammes d'acide oxalique cristallisé. Soit n le nombre de divisions employées dans l'analyse du minerai, le nombre de grammes de fer qu'il contient sera $\frac{7\,n}{10\,n''}$

II. — *Procédé de Schwarz.* — Ce procédé consiste dans l'emploi du bichrômate potassique au lieu de permanganate. Le reste de l'opération est absolument le même.

Cent parties en poids de bichrômate potassique représentent 88 de fer ou 125,7 d'oxyde ferreux.

III. — *Procédés de M. Mohr.* — Dans les procédés décrits ci-dessus, il faut deux agents, un réductif et un indicateur.

Ceux que nous allons indiquer réduisent et donnent le point d'arrêt tout à la fois.

La dissolution du minerai est peroxydée, et ensuite bien privée de l'agent oxydant dont on s'est servi. On la chauffe jusqu'au point d'ébullition, et l'on y ajoute quelques gouttes de sulfocyanure potassique, qui colore aussitôt la liqueur en rouge très-foncé. On se sert alors d'une solution titrée de chlorure stanneux, qui, réduisant le sel ferrique, décolore complètement la liqueur à une température voisine de l'ébullition.

Le titrage du chlorure stanneux se fait, en opérant comme ci-dessus, sur un sel ferrique dont on connaît exactement la composition. Ainsi l'on pourra observer le nombre de centimètres cubes de chlorure stanneux nécessaires pour décolorer une solution rougie par le sulfocyanure, de 0,86071 d'alun ferrico-ammonique ($Fe^2O^3,3SO^3 + AzH^4O,SO^3$), qui contient exactement 0,1 de fer.

2° La dissolution ferrique contenant du chloride hydrique libre est introduite dans un matras, additionnée d'une solution récente d'amidon, puis d'iodure potassique, et chauffée à 50 ou 60°. — On ferme le matras pour que l'iode ne se volatilise pas. La liqueur ainsi préparée et fortement colorée en bleu par l'iodure d'amidon est traitée par le chlorure stanneux titré jusqu'à disparition complète de la couleur bleue.

Cette décoloration ne s'effectue bien qu'à la longue et sous l'influence d'une température de 60 à 80°

3° La troisième méthode est la même que la précédente. Seulement on y remplace le chlorure stanneux par l'hyposulfite sodique, dont la solution est beaucoup plus stable.

Parmi tous les essais qui ont pour but de déterminer la quantité de fer que contient un minerai, le plus simple et le plus rapide est le procédé volumétrique de Marguerite. Il ne peut évidemment lutter avec la méthode d'essai par voie humide proprement dite, mais son exactitude est suffisante pour les besoins de l'industrie, et l'on n'a pas, en outre, à se préoccuper de la présence, dans le minerai, du zinc, du manganèse, de la chaux, de l'alumine et des acides phosphorique, silicique ou sulfurique. — Le cuivre et l'arsenic empêcheraient, il est vrai, les réactions, mais ils sont précipités par le zinc si l'on a employé celui-ci pour la réduction.

Il faudra toujours employer la méthode par voie sèche pour obtenir un culot de fonte blanche, grise ou truitée, dont on pourra juger de l'aspect, de la malléabilité, de la cassure, etc.

Les méthodes par voie humide sont indispensables pour la détermination des corps nuisibles du minerai ou pour apporter une très-grande exactitude dans le dosage de l'oxyde ferrique.

B. — MINERAIS DE CUIVRE.

Les minerais de cuivre, étant les plus difficiles à analyser, sont ceux pour lesquels on a présenté le plus de procédés. Outre des procédés volumétriques proprement dits, nous indiquerons encore deux procédés colorimétriques dus à MM. Le Play et Jacquelain, et qui sont quelquefois très-applicables à la pratique.

I. — *Procédé de M. Brown.* — Lorsqu'on fait agir de l'iodure potassique sur un sel cuivrique, il se forme de l'iodure cuivreux, et l'iode devient libre :

$$2\,(CuO,SO^3) + 2\,KIo = 2\,(KO,SO^3) + Cu^2Io + Io.$$

Ce procédé est fondé sur ce qu'on peut, par l'acide sulfureux ou l'hyposulfite sodique, déterminer la quantité d'iode mis en liberté.

On dissout cinq décigrammes de matière cuprifère dans l'acide azotique, et l'on fait bouillir pour expulser les composés nitreux. On ajoute 30 grammes d'eau et assez de carbonate sodique pour précipiter le cuivre à l'état d'hydrocarbonate, qu'on redissout dans la même liqueur par l'acide acétique bien privé d'acide sulfureux. On en ajoute un léger excès, et le mélange est introduit dans un flacon de trois litres et demi avec trois grammes d'iodure potassique pur. La réaction indiquée ci-dessus s'opère, et l'on dose l'iode libre par une solution normale d'hyposulfite sodique ajoutée goutte à goutte jusqu'à ce que la liqueur n'ait plus qu'une teinte jaune. On y ajoute alors une solution d'amidon qui se colore en bleu, et l'on con-

tinue d'ajouter de l'hyposulfite jusqu'à décoloration complète
de la liqueur.

La liqueur normale se prépare en dissolvant 25 grammes
d'hyposulfite sodique dans un litre d'eau, et se titre au moyen
d'un demi-gramme de cuivre pur dissout dans l'acide azotique
et additionné d'iodure potassique. L'expérience a prouvé que la
quantité d'iodure doit être environ six fois plus considérable
que celle du cuivre.

Ce procédé demande absolument l'expulsion préalable du
plomb et du fer, s'ils se trouvaient en notable quantité dans le
minerai. C'est là son principal inconvénient.

II. — *Procédé de Mohr fils.* — Dans ce procédé, on précipite
le cuivre par le fer, puis on dose celui-ci, qui s'est dissout à
l'état ferreux, par l'un des moyens que nous avons indiqués plus
haut.

Sa solution est introduite dans un flacon bouché, avec le
quart de son poids de sel marin et du fil de fer bien décapé. On
l'abandonne pendant deux heures à une température de 20 à
25 degrés. Ce procédé exige que la liqueur ne soit pas assez
acide pour dissoudre du fer et qu'elle ne contienne aucun autre
métal que le cuivre précipitable par le fer.

III. — *Procédé de M. Fleitmann.* — On précipite le cuivre
par un moyen quelconque ; on le recueille, on le lave, puis
on le redissout dans une solution de chlorure ferrique acide.
Le cuivre a la propriété de se dissoudre dans ce composé en
le ramenant à l'état ferreux d'après la formule suivante :

$$2Cu + Fe^2 Cl^3 = Cu^2 Cl + FeCl.$$

Cette équation montre qu'un équivalent de cuivre dissout
correspond à un équivalent de fer. Ce fer, se trouvant à l'état
ferreux, peut être dosé par le procédé de Marguerite.

IV. — *Procédé Terreil.* — Le permanganate potassique transforme les sels cuivreux en sels cuivriques. Tel est le point de
départ de cette méthode.

1° On dissout la matière dans un acide, et, si l'on a dû
employer de l'acide azotique, on le chasse par l'acide sulfurique et la chaleur.

2° Il faut ensuite ajouter un excès d'ammoniaque et filtrer s'il y a lieu.

3° Faire bouillir la liqueur avec un sulfite alcalin jusqu'à décoloration complète, qui annonce une réduction totale.

4° Verser dans cette liqueur un petit excès de chloride hydrique et faire bouillir pour chasser l'excès d'acide sulfureux.

5° Traiter la liqueur très-étendue par le permanganate potassique jusqu'à apparition de la teinte rose caractéristique.

V. — *Procédé de M. Pelouze.* — M. Pelouze a fait connaître dans ces dernières années un procédé pour déterminer les quantités exactes de cuivre contenues soit dans les minerais, soit surtout dans les alliages. Il suffit de mesurer le volume d'une solution titrée de sulfure sodique nécessaire pour précipiter complètement le cuivre contenu dans une liqueur ammoniacale. On s'exposerait à de grands écarts si l'on ne faisait pas, dans les mêmes circonstances, les opérations pour titrer le réactif et pour doser le cuivre.

VI. — *Procédés colorimétriques.* — 1° *Méthode de M. Le Play.* — On connaît la coloration bleue très-marquée que prend une solution cuivrique par l'addition d'un excès d'ammoniaque. La méthode dont nous nous occupons est fondée sur ce qu'une solution ammoniacale d'une quantité constante de cuivre aura la même couleur si la liqueur a le même volume.

On prépare, dans une série de flacons de même forme et de même capacité, des liqueurs ammoniacales contenant des poids progressifs de cuivre.

On traite ensuite un gramme de la substance proposée, de manière à en obtenir une solution qui contienne l'oxyde cuivrique dissout dans l'ammoniaque. La liqueur est étendue d'eau de façon à lui donner le même volume que celui des liqueurs-types. On estime ensuite entre quels flacons de la série vient se ranger la solution pour l'intensité de la teinte. On obtient ainsi deux limites très-rapprochées entre lesquelles est comprise la quantité de cuivre à évaluer.

VII. — 2° *Méthode de M. Jacquelain.* — Cette méthode diffère de la précédente en ce que l'on mesure le volume qu'il faut donner à la solution cuivrique ammoniacale pour la ramener à la coloration d'une liqueur-type dont on connaît le volume et la teneur en cuivre.

Les deux liqueurs sont contenues dans des tubes de même diamètre; celui de la liqueur-type est fermé à la lampe, précaution qui rend sa coloration invariable. La quantité de cuivre est proportionnelle au volume qu'il a fallu donner à la solution pour l'amener à la coloration voulue.

De tous ces procédés, le plus applicable est encore celui de Fleitmann. La dissolution du cuivre en poudre dans le chlorure ferrique se fait presque instantanément.

Le procédé de Terreil est beaucoup trop long, et celui de Brown offre de nombreuses causes d'erreurs: ainsi une trop grande dilution des liqueurs, ou la présence des sels ammoniacaux provenant de la séparation du fer, empêchent plus ou moins la réaction de l'iodure, ou la ralentissent considérablement.

La méthode de M. Pelouze est applicable aux alliages, mais non aux minerais (L. E. Rivot).

Lorsqu'il s'agit d'une exactitude assez grande, la voie humide et le dosage à l'état d'oxyde noir, ou au moins de sulfure cuivreux, sont indispensables, soit que la séparation ait été faite à l'aide du sulfide hydrique ou du sulfocyanure (rhodanure) potassique.

La voie sèche donne toujours des nombres incertains, mais comme on peut faire ainsi beaucoup d'essais en peu de temps, et qu'en outre ces procédés exigent plus d'habitude que de science, on s'en sert encore souvent dans les usines.

Les méthodes colorimétriques sont, dit M. Rivot, les seules applicables aux analyses de scories ou autres substances qui contiennent moins de un à un et demi pour cent de cuivre métallique. Au-delà, il faudra toujours se servir de la détermination par pesées.

C. — MINERAIS DE ZINC.

Nous avons déjà vu que l'oxyde zincique est entièrement précipité de ses dissolutions par un mélange formé de :

3 parties d'ammoniaque,

1 partie de carbonate ammonique,

et qu'en outre un excès de ce réactif redissout le précipité formé. C'est sur ce fait et sur la précipitation du zinc par un sulfure alcalin, qu'est fondé le procédé suivant, imaginé par M. Schaffner, alors chimiste de la Vieille-Montagne, à Moresnet.

I. — On opère la dissolution du minerai, soit dans le chloride hydrique additionné à la fin d'acide nitrique, si c'est une calamine, soit dans l'acide azotique fumant, si c'est une blende. On verse alors un excès du réactif ammonique, et l'on filtre pour séparer le fer et le plomb, qui sont précipités. Si, dans cette dissolution, on verse à chaud une solution de sulfure alcalin titré jusqu'à cessation de précipité de sulfure zincique, on déduira le poids du zinc du nombre de centimètres cubes de réactif versé.

Pour avoir un point d'arrêt nettement marqué, M. Schaffner ajoute à la liqueur, au moment de s'en servir, une ou deux gouttes de chlorure ferrique, ce qui fait que la liqueur présente des points noirs aussitôt que tout le zinc est précipité.

Aujourd'hui l'on remplace ce chlorure ferrique par une solution de chlorure nickelique, ou de nitro-prussiate potassique. En outre, on ne met pas ces réactifs dans la liqueur, mais on les place en gouttelettes séparées sur une plaque de porcelaine. Cette modification vient d'être publiée par M. C. Groll, chimiste de la Société anonyme de Corphalie (1).

On verse dans la liqueur zincique une quantité insuffisante de sulfure sodique, en ayant soin d'agiter constamment. On achève de verser goutte à goutte le réactif, en essayant chaque fois si la réaction qui indique la fin de la précipitation ne se produit pas encore.

(1) Zeitschrift für analytische chemie. — Erster Jahrgang-Erstes heft-21.

Pour cela, on enlève, à l'aide d'une baguette de verre, une goutte de liqueur traitée, et on la met en contact avec l'un des deux réactifs. Le chlorure nickelique est d'un vert clair et devient gris par addition de sulfure sodique; le nitro-prussiate potassique est rose et devient pourpre, mais cette coloration est très-fugace.

Au moment où cette réaction se produit, on est certain, si l'on a versé la liqueur titrée goutte à goutte en agitant constamment, qu'il n'y a qu'une trace de réactif mise en excès.

On fait cet essai sur un demi-gramme de minerai, et l'on étend la liqueur jusqu'à en avoir environ un demi-litre.

Si le minerai renfermait du cuivre, il faudrait l'éliminer tout d'abord par un courant de sulfide hydrique, avant d'employer le réactif ammonique qui sépare du zinc le fer et le plomb.

Mais lorsqu'on a acquis assez d'habitude, on peut, lorsque l'on voit à sa coloration bleue que la liqueur ammoniacale contient du cuivre, compter les premiers centimètres cubes de sulfure qui précipitent en noir, et continuer, comme plus haut, lorsque le zinc commence à se précipiter. Il faut pour cela qu'il y en ait moins de 1 à 2 %.

Ce procédé permet de rétrograder si l'on craignait d'avoir ajouté trop de réactif. Il suffirait d'avoir une solution normale de chlorure ou de sulfate zincique, et de rechercher, au moyen de celle-ci, la quantité de sulfure sodique versée en trop.

Le sulfure sodique titré est le meilleur lorsque 100 centimètres cubes de sa dissolution précipitent environ 1 gramme de zinc.

II. — *Procédé de M. Schwarz.* — Ce procédé consiste à dissoudre le minerai dans un acide, puis à verser un excès d'ammoniaque, filtrer et précipiter le zinc de sa solution ammoniacale par un courant de sulfide hydrique.

Le précipité de sulfure zincique, recueilli et lavé à l'eau bouillante, est introduit avec son filtre dans environ 300 centimètres cubes d'eau; on ajoute alors du chlorure ferrique et de l'acide sulfurique.

L'équation suivante exprime la réaction qui se produit et dans laquelle l'acide sulfurique n'intervient pas.

$$Fe^2Cl^3 + ZnS = 2FeCl + ZnCl + S.$$

On dose alors le fer de la liqueur par le permanganate potassique. Comme deux équivalents de fer correspondent à un équivalent de zinc dans la réaction ci-dessus, 700 de fer correspondraient à 405,6 de zinc.

Ce procédé est à la fois plus long et moins précis que celui de M. Schaffner.

La voie volumétrique doit être conseillée pour l'essai des minerais de zinc. Elle donne des résultats très-exacts, pourvu que l'on opère avec précaution, et sa simplicité autant que sa rapidité la font encore préférer aux essais par voie sèche et par voie humide surtout, où la complication des opérations fait douter de la précision des résultats.

Il faut seulement avoir soin de faire le titrage du sulfure sodique au moment où l'on s'en sert.

Le procédé peut encore fournir une vérification utile, car on peut recueillir le précipité de sulfure zincique, le laver et en doser le zinc, comme il a été dit à propos de l'essai par voie humide.

Le procédé par voie sèche n'atteint pas le but qu'on se propose ordinairement dans cette méthode, et qui est d'obtenir du métal réduit, mais, s'il est presque aussi rapide que l'essai volumétrique, il ne peut atteindre à la même exactitude.

La voie humide donne aussi des résultats très-précis, et est d'ailleurs indispensable si l'on dose les autres substances du minerai, comme par exemple le soufre des blendes grillées, ou encore les métaux étrangers qui accompagnent le zinc.

D. — MINERAIS DE PLOMB.

I. — *Procédé de M. Flores Domonte.* — La dissolution du minerai est traitée par un excès de potasse caustique qui redissout l'oxyde plombique d'abord précipité. C'est dans cette liqueur qu'on dose le plomb par le sulfure sodique titré.

Pour verser le réactif, on maintient la liqueur à une température voisine de l'ébullition, on la fait même bouillir pour rassembler le précipité noir et éclaircir la liqueur pour pouvoir juger du point d'arrêt.

Pour titrer le réactif, on dissout 1 gramme de plomb pur dans l'acide azotique, et on le traite, comme ci-dessus, par une solution contenant 30 à 35 grammes de sulfure sodique par litre. En observant le nombre de centimètres cubes versés pour précipiter un gramme de plomb, on en déduire aisément la quantité de plomb correspondante à un certain nombre de centimètres cubes de sulfure sodique.

Le fer, le nickel et le cobalt gênent : quand ils sont éliminés par la potasse, ils entraînent toujours du plomb. Le zinc, n'étant précipité qu'après le plomb, et son sulfure étant blanc, est très-utile pour observer le point de saturation. S'il n'y en avait pas dans le minerai, on ferait bien d'en ajouter un peu.

Mais, s'il y a du cuivre, il faut pour ainsi dire renoncer à ce procédé, ce métal exigeant que l'on fasse alors deux essais, l'un comme si c'était tout plomb, l'autre pour doser le cuivre qu'a retenu la potasse.

II. — *Procédé de Hempel.* — Dissoudre le minerai dans l'acide azotique et obtenir la liqueur aussi neutre que possible, puis précipiter par une solution d'acide oxalique, ou d'oxalate ammonique. Telle est la première partie de la méthode. Le précipité d'oxalate plombique est ensuite traité par l'acide sulfurique après filtration et lavage, et l'on en dose l'acide oxalique par le permanganate potassique titré.

On peut encore mesurer exactement la quantité d'acide oxalique que l'on verse pour précipiter, et, si l'acide oxalique est titré, il suffira de doser après filtration l'acide en excès resté dans la liqueur filtrée. Ce procédé est très-exact parce que le plomb est bien précipité par l'acide oxalique, mais il faut que le minerai ne renferme pas de chaux ni d'autres bases précipitables par l'acide oxalique.

III. — *Procédé de M. Schwarz.* — M. Schwarz opère sur une dissolution neutre et y verse du bichromate potassique, qui donne un précipité jaune de chrômate plombique. Il le recueille, le lave, puis le fait digérer avec une solution d'un sel bien ferreux dont on connaît la teneur en fer. C'est en dosant la portion de cette liqueur qui n'a pas subi l'influence oxydante du chrômate plombique, qu'on juge de la quantité de plomb correspondante.

Les procédés volumétriques sont peu applicables aux minerais de plomb. Celui de Domonte est tout-à-fait inexact à cause de la perte de plomb qui a lieu lorsqu'on précipite le fer par la potasse caustique.

Sans ce défaut, ce procédé serait très-exact, et Poggiale *(Analyse volumétrique*, p. 384) l'indique comme préférable à tous les autres.

Celui de Hempel, exécuté soigneusement, donne de beaux résultats. En outre, ce procédé n'est ni très-long ni très-compliqué. Ce serait le seul à conseiller.

Pour apporter de l'exactitude dans l'essai d'un minerai de plomb un peu complexe, il faut toutes les ressources de la voie humide.

Les procédés les plus employés dans les usines sont les essais par voie sèche : ils sont les plus courts, les moins coûteux et les plus faciles, tout en conservant assez d'exactitude. Comme nous l'avons déjà dit, ils donnent seuls du métal réduit, obtenu comme en grand et dont on peut examiner les propriétés.

Si l'on opère avec précaution, ne chauffant pas trop fort pour volatiliser du plomb et rinçant pour ainsi dire le creuset, après la coulée, avec du carbonate sodique, qui enlève les dernières grenailles de plomb, on peut très-bien arriver à une approximation de moins d'un pour cent.

TABLE DES MATIÈRES

CHAPITRE I. — Minerais de fer.

CHAPITRE II. — **Minerais de cuivre**.

CHAPITRE V. — **Procédés volumétriques. — Comparaison de ces procédés avec ceux décrits dans les chapitres précédents.**

EXTRAIT DU CATALOGUE

DE

F. RENARD, ÉDITEUR, A LIÉGE,

Rue des Augustins, 10.

Théorie générale des machines à vapeur, mise à la portée des personnes qui n'ont point étudié les mathématiques supérieures, par M. *A. Devillez*, professeur à l'École des mines du Hainaut, etc. — 1 vol. in-8° et 1 atlas gravé.

De la fabrication des combustibles agglomérés ou briquettes de charbon pour les usages industriels. Étude sur les usines d'agglomération du bassin de Charleroi, par M. *J. Franquoy*, ingénieur au corps des mines. — *Mémoire couronné par l'Association des ingénieurs sortis de l'École de Liége.* — 1 vol. in-8°. orné de 6 pl.

Des progrès de la fabrication du fer dans le Pays de Liége, par *le même.* — *Mémoire couronné par la Société libre d'Émulation de Liége.* — 1 vol. in-8°.

De l'exploitation de la houille en Belgique. Description et comparaison, au point de vue économique, des divers modes d'exploitation proprement dite employés dans différents centres houillers de la Belgique, par M. *Emile Tonneau*, ingénieur de charbonnage. — *Mémoire couronné par la Société des sciences, des arts et des lettres du Hainaut.* — 1 vol. in-8°, orné de 7 pl.

De l'exploitation de la houille à la profondeur d'au moins mille mètres, par M. *A. Devillez*, professeur à l'École des mines du Hainaut, ancien répétiteur à l'École centrale des arts et manufactures de Paris. Mémoire en réponse à une question proposée par le Gouvernement et par l'Académie royale de Belgique ; suivi des rapports sur ce Mémoire de MM. *De Vaux*, inspecteur-général des mines ; *Lamarle*, professeur à l'École du Génie civil annexée à l'Université de Gand, et *Brasseur*, professeur à l'Université et à l'École des mines de Liége, commissaires-examinateurs désignés par l'Académie, et d'un Mémoire en réponse aux objections présentées dans les Rapports de MM. les commissaires de l'Académie. 2e édition, revue et augmentée. — 1 vol. in-8°, orné de 2 pl.

Données sur l'exploitation de la houille dans la province de Liége, par *Louis Thiry*, chef-mineur du bassin de Seraing. — Broch. in-8°.

De la houille, et en particulier des diverses espèces de houille exploitées au Couchant de Mons, en Hainaut (Belgique), par M. *V. Bouhy*, ingénieur civil des arts et manufactures, etc. — 1 vol. in-8°.

Notice sur le gisement et l'exploitation du minerai de fer dans la province de Hainaut, par *le même*. — 1 vol. in-8°.

Exposé historique et statistique de l'industrie métallurgique dans le Hainaut, par *André Warzée*. — *Mémoire couronné par la Société des sciences, des arts et des lettres du Hainaut.* — 1 vol. in-8°.

Exposé historique de l'industrie du fer dans la province de Liége, par *le même*. — *Mémoire mentionné honorablement par la Société libre d'Émulation de Liége.* — 1 vol. in-8°.

Fers et aciers. Examen de la situation faite à la métallurgie par les différents procédés de fabrication inventés dans ces dernières années; suivi du *Manuel pratique du puddleur* pour la fabrication des fers fins, par *Victor Couaithac*. — 1 vol. gr. in-18 avec pl.

Mémoire sur la construction des laminoirs, par M. *D. Henvaux*, ingénieur civil, ancien directeur de la Fabrique de fers de la Société anonyme de Couillet. — 1 vol. in-8°, orné de 7 grandes planches.

Cours de métallurgie générale professé à l'École des arts et manufactures et des mines annexée à l'Université de Liége, par M. *Ad. Lesoinne*, professeur à la Faculté des sciences de cette Université, etc.; rédigé sur les notes de ce professeur, et augmenté de renseignements nouveaux, par M. *Aug. Gillon*, ingénieur civil, répétiteur à la même École. T. Ier, 1re partie: *Préparation mécanique des minerais*. — 1 vol. in-8° et un atlas de 16 planches.

Métallurgie du zinc. Nouvelle méthode de traitement au haut-fourneau à cuve, par MM. *A. Muller* et *Leneauchez*, ingénieurs civils. — 1 vol. grand in-8° avec pl.

Moyen d'extraction permettant de réduire la section des puits sur une grande partie de leur profondeur, par M. *L. Chaudron*, ingénieur; accompagné d'une machine à action directe sans molette, construite par MM. Pirotte et Cie, mécaniciens à l'Université de Liége. — 1 vol. in-4°, orné de 2 planches.

Des échelles mobiles dites Fahrkunst. Leur inventeur, M. *Hubert Sarton*, de Liége. — Brochure in-8°.

De l'aérage considéré sous le triple point de vue hygiénique, économique et scientifique, par M. *Ch. Hamal*, ingénieur au corps des mines. — 1 vol. in-8°, orné d'une grande planche.

Nouvel organe moteur des parachutes des mines, avec quelques considérations sur la théorie de ces appareils, par *le même*. — Broch. in-8° avec une grande planche.

Exploitation des mines, nouvelle machine d'extraction, par M. *A. Demanet*, lieutenant-colonel du génie. — 1 vol. in-8°, orné de 4 planches.

Traité de l'exploitation des mines, par M. *Ch. Combes*, ingénieur en chef des mines, professeur d'exploitation à l'Ecole royale des Mines. — 3 vol. in-8° et atlas in-folio de 68 planches.

Guide minéralogique et paléontologique dans le Hainaut et l'Entre-Sambre-et-Meuse, par M. *Ch. Le Hardy de Beaulieu*, professeur à l'Ecole des Mines du Hainaut, etc. — 1 vol. in-8°.

Mémoire sur les découvertes paléontologiques faites en Belgique jusqu'à ce jour, par M. *C. Malaise*, docteur en sciences naturelles, etc. — *Mémoire couronné par la Société libre d'Émulation de Liége*. — 1 vol. in-8°.

Description des fossiles des terrains secondaires de la province de Luxembourg, par M. *F. Chapuis*, docteur en médecine et en sciences naturelles, et M. *G. Dewalque*, docteur en médecine, préparateur de physiologie à l'Université de Liége. — *Mémoire couronné par l'Académie royale de Belgique*. — 1 vol. in-4° orné de 38 planches.

Mémoire sur les terrains ardennais et rhenan de l'Ardenne, du Rhin, du Brabant et du Condroz, par M. *A. H. Dumont*, professeur de minéralogie et de géologie à l'Université de Liége, membre de l'Académie royale de Belgique, etc., etc. — 1 fort vol. in-4°.

Tableaux analytiques des minéraux et des roches, par *le même*. — 1 vol. in-4°.

Mémoire sur la constitution géologique de la province de Liége, en réponse à la question suivante : « Faire la description géologique de la province de Liége ; indiquer les espèces minérales et les fossiles accidentels que l'on y rencontre, avec l'indication des localités et la synonymie des noms sous lesquels les substances déjà connues ont été décrites, » qui a remporté le prix au concours de l'Académie, par *le même*. — 1 vol. in-4° orné de 3 cartes.

Traité de chimie appliquée aux arts, par M. *Dumas*, membre de l'Institut royal (Académie des sciences) et de l'Académie royale de

médecine, professeur à l'École centrale des arts et manufactures, etc.,
etc. — 8 vol. in-8° et deux atlas in-folio de 148 pl.

— **Partie inorganique** seule. — 4 vol. in-8° et atlas in-folio de 74 pl.

Précis de chimie, concernant l'extraction des résines, des térében-
thines et leurs produits, la fabrication du gaz à la résine, des vernis,
des toiles cirées, de l'asphalte ; le caoutchouc et ses applications ; la
préparation de la colle-forte et de la gélatine ; le tannage et les diverses
préparations que l'on fait subir aux peaux, par *le même.* — 1 vol. in-8°.

Précis de l'art de la teinture, matières colorantes, teintures,
préparation des laines, teinture des laines, de l'impression sur étoffes,
etc., par *le même.* — 1 vol. in-8°.

Procédé pour analyser par voie sèche les minerais de zinc, par
I. Kuppferschlaeger, professeur à l'Université de Liége. — Broch. in-8°.

De l'éclairage au gaz. L'éclairage au gaz à l'eau, à Narbonne, et
l'éclairage au gaz Leprince, examinés et comparés à l'éclairage au gaz
de houille ordinaire. Emploi du gaz comme moyen de chauffage,
données sur son prix de revient, etc., par M. le docteur *B. Verver,*
professeur de chimie et de physique à l'Athénée royal de Maestricht, etc.
— 1 vol. in-8°, orné de vignettes dans le texte.

Traité de la construction des ponts, par M. *Gauthey,* inspecteur-
général des ponts et chaussées, publié par M. *Navier,* ingénieur en
chef des ponts et chaussées, membre de l'Institut de France (Académie
des sciences), professeur d'analyse et de mécanique à l'École polytech-
nique. 5e édition. — 5 vol. in-4° ornés de 57 planches.

Traité de la législation des mines, des minières, des usines et des
carrières, en Belgique et en France, ou Commentaire théorique et pratique de la loi du 12 avril 1810 et des lois et règlements qui s'y
rattachent, par M. *Aug. Bury,* avocat à la Cour d'appel de Liége. —
2 vol. in-8°.

**Dictionnaire de législation, de jurisprudence et de doctrine
en matière de mines,** minières, carrières, forges, hauts-fourneaux,
tourbières, usines métallurgiques, etc.; contenant, par ordre chrono-
logique et sous forme analytique, les lois, réglements, ordonnances
royales, arrêtés, avis du Conseil d'État et du Conseil des mines, ainsi
que les décisions judiciaires et administratives intervenues en France
et en Belgique, depuis 1810 jusqu'en 1857, par *un avocat à la Cour
d'appel de Liége.* — 1 fort vol. in-8°.

Précis d'arithmétique, par *Léon Lecointe,* professeur de mathématiques à l'Athénée royale de Namur, etc. — 1 vol. in-8°.

Cours d'algèbre élémentaire, par *le même.* — 1 vol. in-8°.

www.ingramcontent.com/pod-product-compliance
Lightning Source LLC
LaVergne TN
LVHW012221170726
843503LV00005B/2198